Índice

Prólogo

Una de las tareas más importantes que hay que desarrollar en nuestro país es la de promover el teatro para niños. Aristóteles, el gran teórico griego, dice que los hombres aprendemos por imitación y que la imitación nos provoca placer y que el teatro es imitación. Por lo tanto, podemos decir que el teatro puede ser la forma más placentera de aprender. Y si el teatro es la forma más placentera de aprender, ¿por qué no permitir y procurar que los niños hagan teatro y así puedan aprender muchas cosas de la vida?

Y precisamente, con la finalidad de poner al alcance de maestros y alumnos que quieran jugar un rato, que quieran divertirse y aprender de los comportamientos humanos, va este libro con 16 obras cortas para niños. Es teatro que pueden hacer los adultos y dirigirlo a los niños, pero también, y esto es lo más importante, es teatro que pueden hacer los niños en su escuela o incluso en su salón de clases.

La selección realizada para este libro intenta presentar una amplia variedad de modos de hacer teatro, con la finalidad de que tanto los maestros como los niños tengan una gama de opciones a considerar.

Cumpleaños con payasos, gallos y brujas tiene la particularidad de ser una obra escrita por niños. *Las tres siempre seremos las tres...* de Pilar Campesino es un ejercicio de poesía, que tal vez pudiera

v

montarse al estilo de la poesía coral que tanta tradición ha tenido entre nuestros maestros. Podría ser interesante que cada uno de los personajes fuera interpretado por varios actores a la vez.

El menú de opciones que presentamos aquí continúa con adaptaciones que Román Calvo hace con gran agilidad, gracia y simpatía a tres cuentos del libro *A la luz de mi lámpara* de Berta Von Glümer.

Mención aparte merece la inclusión aquí de tres obras de Tere Valenzuela, quien tal vez ha sido la autora que con mayor talento se ha dedicado al teatro para niños, tanto a nivel profesional como escolar. Tere, con sus textos y montajes imaginativos está continuamente abriendo caminos para el desarrollo de las mejores capacidades de los niños. Sus obras son realmente un regalo de la vida para este país.

Una segunda mención va por Juan Jiménez Izquierdo que ha trabajado muchísimo con títeres y aparece aquí, como siempre, con su desbordada imaginación, presentándonos la obra *Se perdió el número cuatro*.

El presente libro se complementa con textos de Gabriela Ynclán, Margarita Hurtado Badiola y Tomás Urtusástegui; hay también tres obritas mías y cerramos con Dante del Castillo, que ya ha demostrado su solidez y su preocupación social. La obra que aquí se incluye no es la excepción, es decididamente ecológica: *¡Únete niño! ¡Vamos a salvar el bosque!*

Es cierto que seguramente hay muchos otros autores que deberían estar incluidos en esta antología, pero la extensión de sus obras sobrepasaba los límites que aquí nos habíamos planteado. Ya vendrán otras antologías y esperemos que ahí queden los que no fueron incluidos esta vez.

Por lo pronto van estas 16 con la idea de ofrecer elementos para formar niños con valores más sólidos, con mejores capacidades. Niños con los cuales hacer un México mejor.

Miguel Ángel Tenorio

CUMPLEAÑOS CON PAYASOS, GALLOS Y BRUJAS

*Martha Alexánder
y Duardo Atl*

Teatro para títeres o actores

Martha Alexánder
y Duardo Atl

Escribieron esta obra a los 8 y 9 años de edad.
Actualmente pertenecen al taller
de teatro guiñol de la maestra Martha Rocío Rodríguez Ayala.

Personajes:

DIRECTOR   PAPÁ
2 PAYASOS   MAMÁ
3 GALLOS   NENA
2 BRUJAS   LALO
FANTASMAS

En el teatrino aparece el director.

DIRECTOR

¡Muy buenos días, mis queridos amiguitos! ¿Cómo están ustedes? ¿Están bien? ¡Qué gusto de estar entre tanto niño! Les hemos construido este teatro de muñecos para divertirlos un rato. ¡Ahhh! Se me olvidaba una cosa... Voy a llamar a un amiguito mío y que es amigo de todos ustedes, para que venga a saludarlos. (*Llama repetidas veces yendo de un lado a otro.*) ¡Señor Payaso! ¿Dónde está usted?

PAYASO

¿Qué quiere usted, hombre? ¿Qué quiere usted?

DIRECTOR

¿Qué está usted haciendo?

PAYASO

Me estoy rascando la barriga.

DIRECTOR

Eso no se hace. Salga pronto que ya es hora de trabajar.

PAYASO

¿Que me vaya a descansar?

DIRECTOR

No, señor, a trabajar, que los niños ya están impacientes.

PAYASO

¡Ah, sí, que ya se les están cayendo los dientes!

DIRECTOR *(Enojado.)*

¡Qué dientes, ni qué dientes! ¡Salga usted pronto!

PAYASO

¿Que tiene usted cara de tonto?

DIRECTOR

Salga pronto, si no quiere que vaya personalmente a sacarlo.

PAYASO

¿Que viene usted a sacarme a mí?

DIRECTOR

Sí, señor.

PAYASO

¿Que viene usted a sacarme, usted?

DIRECTOR

Siií.

PAYASO

¿Que usted viene a sacarme a mí?

DIRECTOR

Pronto.

PAYASO

Pues venga, a ver si puede.

DIRECTOR

Ya lo creo que puedo. *(Al público)* Ahora verán; voy a sacar a ese señor de una oreja para que venga a saludarlos. *(Sale. Entra enseguida el payaso.)*

PAYASO

Pero... ¿quién me hablaba? ¡Ohhh... cuántos amiguitos míos! ¿Qué tal? ¿Cómo están ustedes? Qué alegría verlos aquí reunidos. Pero por aquí oí que me llamaban. ¿No saben para dónde se fue ese señor cabeza de calabaza, nariz de lombriz, ojos de ajos?

Los niños podrán decir por dónde salió
y así entran y salen buscándose por lados opuestos.
Finalmente chocan de espaldas
y gritan espantados.

DIRECTOR

¿En dónde estaba usted metido?

PAYASO

Pues en mi ropa.

DIRECTOR

No, señor, ahí no estaba usted, porque lo busqué y no lo encontré. *(El payaso se busca entre los vestidos.)* ¿Qué está usted haciendo?

PAYASO

Me estoy buscando, para ver si me encuentro.

DIRECTOR

No sea payaso. Usted está aquí.

PAYASO

Bueno, ¿y qué es lo que vamos a hacer?

DIRECTOR

Pues trabajar para estos niños, que son nuestros amiguitos.

PAYASO

¡Ah, sí! ¡Que son unos cochinitos!

DIRECTOR

¡No, señor! A-mi-gui-tos. Y lo primero que vamos a hacer es saludarlos.

PAYASO

Sí, cómo no. *(Hace reverencias.)*

DIRECTOR

¿Pero qué está usted haciendo? Le dije que los saludara usando las palabras.

PAYASO

Ah, sí..., con palabras. *(Imita ladridos.)*

DIRECTOR

¿Qué está haciendo?

PAYASO

Saludándolos en alemán.

DIRECTOR

No sea usted payaso. Use palabras cariñosas, palabras dulces.

PAYASO

Dulces de garapiñado, camotes, chongos zamoranos y cajeta.

DIRECTOR

¡No! Si es muy sencillo.

PAYASO

¿Que tiene usted cara de piloncillo?

DIRECTOR

No me falte usted al respeto y repita conmigo lo que voy a decir: "Muy buenos días, mis queridos amiguitos".

El payaso repite arremedándolo.
Al final agudiza la frase en un tono chusco.

PAYASO

Muy buenos días, mis queridos amiguitos... *(El director le pega con un palo y el payaso se soba.)* Bueno, ¿y ahora qué vamos a hacer?

DIRECTOR

Pues anunciarles el primer número de nuestro programa diciéndoles de qué se trata.

PAYASO

De meter la pata.

DIRECTOR

¡Nooo! Que les anuncie el primer número de nuestro programa.

El payaso toca un
silbato y anuncia.

PAYASO

El primer número de nuestro programa es: "El cumpleaños de papá".

Entra música y cambia
el decorado a casa.

NENA

> ¡Ay! desde el viernes que llegó papá, le estoy preparando una fiesta y voy a invitar a mis amigas. ¡Huuuy! ¡Qué tardísimo es! Debo estar con mi hermano Lalo para preparar la comida con mi mamá.

MAMÁ

> También hay que invitar a los vecinos para que vengan a comer pastel. Tu papá no tarda en llegar de la calle.

NENA

> Hay que poner globos y repartir antifaces. ¿Ya llegaron los payasos? A mi papá todavía le gustan. Me lo dijo en el circo.

> *El Papá entra; es guapo.*

MAMÁ Y NENA

> ¡Feliz cumpleaños, papá!

PAPÁ

> ¡Gracias! ¿Dónde está Lalo?

NENA

> Se disfrazó de payaso con su amigo. Ahí están.

DIRECTOR *(Sale de nuevo.)*

> ¿Aquí es donde debo presentar una obra? *(De una puerta vieja del teatrino se oye el rechinido "siiiií".)* ¿Pero a quién se le va a presentar? *(Al público.)* Ahh, ya llegaron los vecinos de invitados. Vamos a presentar el monólogo del payaso.

PAYASO *(Reaparece.)*

> ¡Hola, amiguitos! Mi monólogo se llama "Lo que soy yo". No sé por qué se llama así. Mejor veamos. *(Entra a un cuarto de espejos y se sorprende.)* ¡Oh, qué asombro! ¡Qué elegancia! ¡Qué estilo! ¡Qué guapura! ¡Qué forma de ser! ¡Cómo habla! ¡Cómo escribe! ¡Cómo actúa! ¡Cómo lee! ¡Cómo es! ¡Sorprendente! *(Saca su diccionario de sinónimos.)* Admirable. Estupendo. Fenomenal. Prodigioso. Sobresaliente. Efectivo. Positivo. Práctico. Seguro. Auténtico. Verdadero. Real. Enérgico. Activo. Fuerte. Limpio. Poderoso. Ejemplar. Útil. Cumplidor. Caballero. Astuto. Edificativo. Modelo. Especial. *(Alguien del público grita: "goooolll".)*

PAPÁ
    ¿Pues qué cosa estás anunciando? Ya no debes ver televisión.
DIRECTOR
    Efectivamente. El Payaso está anunciando el comercial de
    un payaso. Ahora vamos a ver una obra titulada "Los gallitos
    vaqueros".

Cambio de decorado que nos muestra el oeste.

GALLO 1
    ¿Qué va a tomar?
GALLO 2
    Leche fría.
GALLO 1
    Aquí no es guardería.
GALLO 2 *(Saca un revólver.)*
    ¿Entendió?
GALLO 1
    ¡Siií, siií, señor!

Aterrado, sale a ordeñar una vaca.

VACA
    Mmmmmmmmmmm...

Entra el Gallo 3, con pistola en mano, buscando a alguien.

GALLO 3
    ¿Ha visto a... ? *(Dispara a la barra.)*
GALLO 2
    Te crees muy gallo, ¿verdad?
GALLO 3
    ¡Soy gallo de pelea!
DIRECTOR *(Interrumpe.)*
    No más escenas de violencia. La obra que sigue es "El
    profesor impostor".

Cambio de decorado a salón de clases.

Payaso 2

¡Hola niños! Yo soy el profesor de esta clase. *(Se pregunta.)* ¿Cuál es esta clase?

Payaso 1

¡Impostor! Tú no eres el profesor de esta clase y todavía te lo preguntas.

Payaso 2

Yo no soy impostor. Pregunté cuál es esta clase porque doy muchas materias.

Payaso 1

No es verdad. El profesor soy yo.

Payaso 2

A ver, enséñame tu licencia. *(Payaso 1, la muestra.)* Esta es licencia de manejar. *(Ambos pelean y rompen una vitrina.)*

Payaso 1 *(Espantado.)*

¡Ándale! Te voy a acusar con el profesor de que rompiste la vitrina.

Payaso 2

Yo no la rompí, fuiste tú. Además me vas a acusar conmigo mismo, porque yo soy el profesor.

Payaso 1 *(Llorando.)*

¡Perdóneme, profesor!

Payaso 2 *(Le pega con la regla.)*

¡No, no y no! De castigo vas a escribir mil quinientas veces "no debo romper las cosas de la escuela".

Payaso 1

Pero eso es mucho, profe.

Payaso 2

¡No importa! Esta es la última clase que tienes conmigo y nos iremos cuando termines.

El Payaso 1 escribe, cuando entra el director.

DIRECTOR
Muy buenos días, alumnos. Veo que ya vienen maquillados de payasos, tal y como se les avisó en el citatorio.

PAYASO 1 *(Al Payaso 2.)*
¿No que tú eras el profesor?

PAYASO 2
¿No que tú lo eras?

DIRECTOR
Ninguno de ustedes dos es el profesor, porque lo soy yo. *(Sorprendido.)* ¿Quién rompió mi vitrina? *(les pega con un palo.)* Van a escribir de castigo diez mil veces: "No debo jugar en el salón", y otras diez mil veces: "No debo jugar al profesor".

PAYASO 1 *(Al Director.)*
A ver, si eres el profesor, dinos: ¿cuál es la capital de Tlaxcala?

DIRECTOR
¡Apizaco!

PAYASO 1
Apizacaste cinco de calificación, porque es Tlaxcala, Tlaxcala.

PAYASO 2
Ahora nosotros te vamos a dejar de castigo que escribas un millón de veces: "Debo preparar bien mi clase".

PAYASO 1
Y otro millón de veces: "No debo castigar con golpes a mis alumnos".

PAYASO 2
Y otro millón de veces: "Debo amar a los payasos".

PAYASO 1
Y: "aplaudirles un millón de veces", como nuestro público.

Todos aplauden.

Cambio de decorado a bosque tenebroso. Aparece una bruja.

BRUJA

¡Ja, ja, ja, ja...! ¡Espántense, porque soy una bruja y traigo una escoba para volar! ¡Ja, ja, ji, ji...! *(Se esconde tras un árbol.)* Ahí viene la empalagosa niña. *(Entra una nena.)* Viene cantando.

NENA

¡Tralalalalaique!, ¡tralalalalaique! ¡Qué bonita noche! ¡Cuánto pajarito negro! ¡Ay, nanita! ¡Son murciélagos! *(Pasan los murciélagos volando.)* La luna está redonda. ¡Bububu! ¡Ya me perdí en el bosque! ¿Dónde está mi casita? ¡Bububuuuu!

BRUJA

¡Ja, ja, ja! ¡Huy, qué risa me sale! Se perdió la tonta. La voy a espantar. ¡Ah, se me ocurre que mejor voy por mis amigos, y así nos divertiremos mejor! ¡Ja, ja, ja..., ji, ji, ji...!

NENA

Yo estaba jugando, y mi mamá me dijo: "No te alejes". Pero se perdió mi pelota. Bububuuuu...

Llegan los amigos de la bruja:
Vampiro, Fantasma y otra Bruja.

VAMPIRO

¡Ajá, es bien bonita!

FANTASMA

Sí, está bonita. Tendrá como ocho años.

BRUJA 2

¿A eso le llaman bonita? Tontos, yo soy la más preciosa, ¿verdad, bruja?

BRUJA 1

¡Yo lo soy! Pregúntaselo a la luna.

FANTASMA

Dejen que la asuste yo primero, ¿sí?

NENA

Oigo voces. ¡Mamá, mamá... estoy perdida!

FANTASMA *(Se acerca.)*
> ¡Bu!

NENA
> ¿Tú también lloras, fantasmita? ¿Te perdiste?

FANTASMA
> Niña tonta. Soy un fantasma que trata de espantarte. Soy muy malo y asusto a las niñas perdidas.

NENA
> No, no me asustes. Estoy solita. Podríamos ser amigos.

FANTASMA
> Sí, porque estás bonita y simpática. Seré tu amigo. ¿Lo oyen? ¡Soy amigo de la niña!

VAMPIRO Y BRUJAS
> ¡Traidor!, ¡traidor!

FANTASMA
> Ven, amiguita, que te voy a presentar a mis amigos. Ellos creen que son malos, pero no logran espantar a nadie. Se mueren de ganas de tener amigos. *(Se acercan a ellos.)* Les presento a mi amiga.

VAMPIRO
> ¡Hola! Soy tu amigo el Vampiro. Ellas son las brujas más feas.

NENA
> ¡Hola! Yo me llamo... *(Se escucha la voz de la mamá.)* ¡Mamá, aquí estoy! *(Aparece la mamá.)* ¡Mami, soy amiga de unos fantasmas, brujas y vampiro!

MAMÁ
> ¡Hija! ¿Cuántas veces te he dicho que esta clase de obras de teatro no son buenas?

NENA
> Es verdad. Sólo quería entretenerme. Mira, aquí está mi pelota. ¡Y también hay una escobita! Qué raro, ¿no?

MAMÁ
> Bueno, vámonos porque está muy preocupado tu papá.

Cambio de decorado a salón de clases.

DIRECTOR *(Reaparece.)*
Ahora sí preparé bien mi clase y se titula "La limpieza".

MAMÁ
¡Anda, Lalo, levántate! Tienes que ir a la escuela, pero antes te tienes que bañar.

LALO
No, mamá, no me gusta bañarme.

MAMÁ
Limpia bien tus zapatos, que están llenos de lodo. Apúrate que se hace tarde. Ya ves, hasta te sacaron del equipo de futbol.

LALO
Eso no es cierto.

MAMÁ
Ya está listo tu baño. Te peinas.

LALO *(Va al espejo.)*
De verdad que estoy sucio. Me arreglaré. *(El muñeco se asea).*

MAMÁ
Anda, hijo..., desayuna tu leche y huevos. Y te puse en la mochila fruta para el recreo.

LALO
Gracias, mami. Ya me voy.

Sale y llega a la escuela. Lo reciben su amigos.

AMIGOS
¡Qué bueno que llegaste temprano!

DIRECTOR
Muy bien, llegas aseado. Excelente. Podrás regresar al equipo de futbol.

LALO
Gracias, profe. *(Regresa a su casa contento.)* ¡Mamá, ya llegué! Regresé al equipo de futbol. El primer tiempo lo jugué de portero y después de delantero; paré y metí goles.

MAMÁ

Sí, sí. Pero antes de que me sigas contando, báñate otra vez, porque mira cómo vienes.

LALO

¡Pero, mamá...!

Cambio de decorado a la fiesta.

PAPÁ *(Contento.)*

¡Bravo! *(Aplaude.)*

¡Bravo! hijos, qué bien que me divertí con el teatro de muñecos que me prepararon.

NENA

¿Te gustó, papá?

PAPÁ

Realmente pasé muy feliz mi cumpleaños.

MAMÁ

Lalo hizo los muñecos y la niña lo ayudó a escribir esta historieta.

LALO *(A la mamá.)*

Y tú hiciste el pastel.

NENA

Bueno, papá... ¿cuántos años cumples?

PAPÁ *(Evasivo.)*

Hasta mañana, niños.

Todos ríen y regalan globos. Mientras se escucha: "¿Cuál zapote, que no lo veo?", letra y música de Mariana P. Espinosa de los Monteros.

BRUJA

Érase una vez en un castillo
rocanrolero, sin torres de membrillo,
lleno de ratones y ratas por doquier.
(Bailan rock.)
Tiene cucarachas, cerdos y ostiones,
también una serpiente
que cubre el ambiente

con silbidos.
Tengo un ejército de cuatalatas
y cuachichilas,
y a las puertas de mi castillo
no te puedes acercar.
ja, ja, ja... *(Bis.)*

Teloncito.

Las tres siempre seremos las tres

Pilar Campesino

Pilar Campesino

Las tres, siempre seremos las tres mujeres.
Con esta pieza se estrena en un apartado de la dramaturgia
contemporánea substancialmente discrepante.
El diálogo escénico sufre un vuelco; el escenario adquiere
otras dimensiones; la poesía subyace y el drama es tan suave,
melodioso y circense, que endulza vista, oídos y demás
sentidos a fuerza de triquiñuelas y piruetas.
¿Alguien dijo que escribir y hacer teatro para niños
era pan comido y que lo mismo daba adaptar cuentos infantiles
con miras a entretener a adultos chiquitos o a criaturas
sin criterio? Convendría que revisáramos ciertas obras
dramáticas supuestamente dirigidas a públicos adultos
que bien podrían disfrutar sin el menor empacho públicos
de menor edad, lejos de prejuzgarlos y de caer
en el error de minusvalorarlos por su temprana,
que no corta, edad –sugiere la autora.

Personajes

Ellas son
por desorden de aparición

La hija
La madre y
La abuela

En el principio, todo es oscuro
la campana anuncia tercera llamada
el público entra a ocupar sus localidades

Una tenue luz acompaña el pausado
andar del espigado y aparentemente
frágil cuerpo de la madre
La voz de la hija irrumpe lejana

Hija:
   Siempre, madre, seremos siempre las tres

Vetusta y enjuta, la madera de la mecedora cruje monótona.
La voz de la nieta inquiere curiosa

N<small>IETA</small>
>   ¿Me amarás y guardarás eternamente el secreto, abuela
>   querida?

>   *La anciana dormita.*
>   *Saltando la reata, la infanta se acerca*

N<small>IETA</small>
>   Te alcanzaré, ¿sabes?
>   tarde o temprano, abuelita
>   a la cruda cuenta de tres

>   *La reata seduce a la madre que se deja enredar*
>   *para saltar a la velocidad de la niña*

M<small>ADRE</small>
>   ¡Para!
H<small>IJA</small>
>   ¡Salta!
M<small>ADRE</small>
>   ¡Para!
H<small>IJA</small>
>   ¡Salta, madre!
>   ¡Salta!

>   *Ríe la infanta y la madre, excitada,*
>   *ríe a la par ríe brincando a ritmo*
>   *con ella y ríe la abuela ríe con ellas,*
>   *triplicando sus risas*

M<small>ADRE</small>
>   ¡Más!

>   *Entre la niña y la madre gira la cuerda,*
>   *gira pasando de manos a manos*
>   *mientras la abuela sigue entregada*
>   *a su lacio mecerse*

Cercadas las tres
detenida la reata
la mecedora mecida
canta la infanta

HIJA
Niña
mi niña
pequeña la esfera
ardientes tus brazos
vibrante tu pulso
niña
mi niña

MADRE
Shhh

Acuna dormida la abuela su sueño de niña
Danza, hasta que la cuerda se agota
al compás de la caja de música el par de muñecas
Un toque de crótalo hace eco dos veces
el tercero es una explosión que retiembla
desintegrando los cuerpos
A la niña, la voz se le muere

HIJA
Niña
mi niña.

Tres flashes
Tres fotos
la de la madre
la de la hija y la de la abuela
con su más rica sonrisa sin dientes

La luz retrocede y se traga toda evidencia

En alguna otra parte sola
con sus ojos enormes
observa la niña la historia heredada
Su voz no tiene sentido

HIJA
   ¿Mamá?
   Ondean al viento sus lacios cabellos a vueltas del carrusel
   Croa la rana y el caballo relincha
   Pía el pollo y zumba la abeja
   Tirante, la rienda detiene al tiovivo
HIJA
   ¿Mamá?
   El tiovivo se esfuma
   Otra vez sola, la niña vuelve a la reata
   La abuela abanica su pálida efigie
ABUELA
   No duermo, pequeña
   No hagas más ruido
NIETA
   Las tres
   siempre seremos las tres

            La madre se acerca y a punto está
         de tocar a su madre cuando ésta despierta

MADRE
   ¿Mamá?
ABUELA
   Dejémoslo para el acto tercero
MADRE
   ¿Mamá?
ABUELA *(Impaciente)*
   Dejémoslo
HIJA
   Es una flácida historia
ABUELA
   No temas
   Hoy por un beso y mañana
NIETA
   Mañana no existe
MADRE
   Mañana por ti

ABUELA
     Resisto
MADRE
     Resiste
ABUELA
     Me suena tu voz vulgar y chillona
NIETA
     La pones nerviosa
ABUELA
     La culpa no es mía
NIETA
     La culpa no existe
     Frente al espejo
     de cuerpo incompleto
     la madre se mira
     y remira su triplicada y frígida imagen
HIJA
     Has tenido otro sueño
     madre, tampoco te creas que existe el espejo
     A tu edad
     una se vuelve inocente
ABUELA *(Blanda)*
     ¿Qué le hiciste a la reata?
MADRE
     Imposible saltarla
     cuando nos hemos roto la espalda

          El espejo se estrella hecho añicos
          queda la madre esparcida en el piso

               Corre la niña
               Grita la abuela

ABUELA
     ¡Nunca!
     ¡Nunca descalza!
MADRE *(Retumbante)*
     Las tres, siempre las tres

NIETA
    ¿Abuela?

ABUELA
    Nada
    ¡Nada de abuela!

MADRE
    Permítele ser

ABUELA
    Te haces la tonta

      Paralizada, lanza su más aburrido suspiro
  La niña se aleja arrastrando la reata cual pesada cadena
      La voz de la madre le ordena imperiosa

MADRE
    ¡Vuelve!

HIJA
    ¡Permíteme ser!

MADRE
    No puedo más

ABUELA
    La matará la tristeza

NIETA
    No será la tristeza
    La tristeza no existe
    y no existe la muerte tampoco

MADRE
    Por una sola vez en tu vida
    De cara a la reja la niña pospone el paso siguiente

ABUELA
    Hace como si no le importara

        Canta la madre

MADRE
    Niña
    mi niña
    (Y la acompaña la niña)
    pequeña la esfera

ardientes tus brazos
vibrante tu pulso

Niña

mi niña

> *La escena queda plasmada en un cuadro*
> *por un breve lapso que se tiñe de rojo*

Madre

No sé qué me pasa

Abuela

Se te acaba la fuerza

Madre

Quizás lo que se me acaba es la vida

> *Le pesan los brazos*
> *arrastra las piernas*

El cuerpo se dobla
la vista se nubla
Todo está oscuro

> *Busca la muñeca perdida que arrulla la abuela*

Tengo sed de tu llanto de niña

> *Toma la infanta la muñeca en sus brazos*
> *y la acuna dormida como si a sí misma acunara*

Todo es azul

Abuela

Las tres

Madre

Siempre las tres

Hija

Mujeres

Madre

En un puro orgasmo de sentimientos licuados

Escucha medita y considera el paso de la carroza
de esmeriladas vidrieras y garañones tocados
con altaneros penachos de plumas

La visión es hermosa

MADRE
Quiero ser siempre una estrella
HIJA
Eres una fuente inagotable de luz
MADRE
¿Por qué entonces las rejas?
HIJA
No existen
MADRE
Dame la reata
HIJA
¿Vas a saltar o pretendes atarme?
MADRE
Shhh
HIJA *(Controlando su angustia)*
Prometí alcanzar a la abuela
MADRE *(Como cuando brincaba)*
Aguanta
HIJA
¡Aguanto!
MADRE
¡Más!
HIJA
¡Mucho
mucho más! ¡Muchísimo más!
En su solitud mece la abuela
Su entero recuerdo de niña
ABUELA
Que apague la sed nuestro llanto

Tres flashes
Tres fotos

La de la madre pariendo a la niña
La de la niña arrullando a la abuela
La de la abuela amamantando a la madre

MADRE
Qué chiquilla

Ruge la tigresa del carrusel y ruge con ella la cría

HIJA
La abuela tiene razón
El mundo se empeña en hacernos pedazos y a partir de
una edad hechas pedazos el rompecabezas es un obsceno
retrato de inicua pasión

Detiene el tiovivo
La madre toma la reata

MADRE
Lo que has dicho es una tontera
ABUELA
Preclaro fruto de tu vientre insensato
HIJA
No aprendí la lección
ABUELA
Es un puro cuento
NIETA *(Alejándose)*
No aprendí la lección porque es puro cuento

Atando un cabo y haciendo acopio
de fuerzas la madre arrastra a la abuela
inmisericorde y altiva

La niña se inventa una tiza y pinta
con ella un pedregoso camino

ABUELA *(Tomando prestada la voz de la nieta)*
Las tres siempre, mamita
Seremos siempre las tres
No me lleves muy lejos

NIETA
    Lejos no existe
    Sigue trazando
    En pos de ella sigue la madre tirando
ABUELA
    Las tres siempre, mamita
    Seremos siempre las tres

            Se constriñe el espacio
        y a las tres las invade el sofoco

            La abuela suplica

ABUELA
    Para
    La niña sigue rayando
    La madre, tirando
NIETA
    Te alcanzaré, ¿sabes?
    ¡Aguanta, madre!
    ¡Aguanta!

ABUELA *(Con su voz que es la repetición de un mismo canto)*
    Niña mi niña
    Y es también un arrullo
MADRE
    Pequeña la esfera
HIJA
    Ardientes tus brazos
ABUELA
    Vibrante tu pulso
    Las tres Niña
    mi niña
        Suelta la madre la reata cual brasa quemante pierde la
        niña la tiza y a la abuela la mece ahora su risa
MADRE
    ¡La carroza!

HIJA
>¡La estrella!

ABUELA
>¡Las rejas!
>*De las tres*
>*se desternillan de risa*
>*las tres*

HIJA
>¡Daré a luz yo también a una hija!

MADRE
>Una hija que se prometerá también alcanzar a la abuela que sentirá sed y será sed de mi llanto de mi llanto de niña

HIJA
>De tu llanto de madre

ABUELA
>De mí tu nuestro llanto de abuelas

NIÑA *(Arrebujándose)*
>No quiero ir muy lejos

MADRE *(Serena)*
>Lejos no existe

>*Tres flashes*
>*Tres fotos*
>*La de la niña alcanzando a la abuela*
>*La de la abuela saltando la cuerda*
>*y la de la madre como en el principio otra vez*

MADRE
>¡Para!

HIJA
>¡Salta!

MADRE
>¡Para!

HIJA
>¡Salta, madre!
>¡Salta!

Llegamos al final del acto tercero

La jaula se esfuma

Lentamente
muy lentamente
cobra vida el tiovivo

Sus risas llenan la escena
y la siguen llenando después de caer el

Telón.

LAS DOS CATARINAS

Román Calvo

Adaptación teatral de un cuento del libro
A la luz de mi lámpara de Berta Von Glümer.

Román Calvo (Norma)

México, D.F., 1924. Firma sus obras únicamente con sus dos
apellidos. Es maestra de teorías dramáticas en la UNAM y en la
escuela de escritores de la SOGEM; e imparte
la materia de Verso Teatral en la Escuela de Arte Teatral del INBA.
La temática de sus obras fluctúa entre lo popular y los problemas
sociales del país. Entre sus obras, algunas escritas en verso,
se cuentan *Pollo, mitote y casorio*; *Escándalo en paraíso*
(Premio Salvador Novo) y *Dónde vas, Román Castillo*.

Personajes

La Madre, catarina roja
Cuca, catarina verde
Tita, catarina naranja
Caballito del Diablo verde
Caballito del Diablo azul
La Vieja, catarina oro

Para el vestuario se sugiere que los niños lleven, sobre unos leotardos de licra, del color indicado para el personaje, algunas alas hechas de alambre y tul.

Un lugar en el bosque.

Entra la Madre catarina con Cuca y Tita.
Las dos correteando.

Madre
    ¡Niñas, niñas, dejen de corretear como locas y pongan atención! ¡Tita! ¡Cuca! ¡Les estoy hablando!
Cuca *(Deteniéndose.)*
    Sí, sí, mamá.
Tita
    Ya te escuchamos, mamá.

MADRE

Las dejaré aquí, jugando, mientras voy a platicar un ratito con mi comadrita, la Catarina café.

CUCA

¡Sí, sí, qué bueno!

TITA

¡Que no sea un ratito, sino un ratotote!

CUCA

Sí, para que juguemos mucho, mucho tiempo.

MADRE

Si algo se ofrece, ya saben dónde encontrarme. Allá, junto al roble viejo y debajo del mastuerzo. Pórtense bien, y no hagan travesuras. (*Las besa cariñosa y ellas responden también con besos. Sale.*)

CUCA

¿A qué jugamos, Tita?

TITA

A las carreras.

CUCA

No, no. A las escondidillas.

TITA

Dije, a las carreras.

CUCA

A las escondidillas.

TITA

A las carreras.

CUCA

Yo solamente jugaré a las escondidillas.

TITA

Y yo, solamente a las carreras.

CUCA

Pues entonces, yo juego sola.

TITA

Y yo, también sola.

Cuca se esconde tras alguna mata y Tita corre de aquí para allá, pero luego, desalentada, se detiene al ver que no tiene

con quién competir. Cuca sale de su escondite,
cansada de esperar que alguien la busque.

CUCA
Ya me cansé de esperar que alguien me encuentre.
TITA
Y yo ya me cansé de correr y no ganarle a alguno.
Entran bailando y girando graciosamente
los Caballitos del diablo.
CABALLITO VERDE
Catarinitas, vengan a bailar con nosotros.
CABALLITO AZUL
¡Vengan, vengan!
CUCA
¡Yo bailo con el azul!
TITA
¡No, no, el azul es mío!
CUCA
¡Es mío!
TITA
¡Es mío!

Mientras las niñas discuten,
los Caballitos se alejan bailando.

CABALLITO VERDE *(Alegre.)*
Es el vals "Sobre las olas".
CABALLITO AZUL
Sobre las olas del mar... *(Salen.)*
TITA
¡Cuca, ya se fueron los caballitos!
CUCA
¡Caballitos, caballitos, regresen!
TITA
Ya van muy lejos. No te oyen.
CUCA
Bueno, no importa. ¿Y si jugamos al columpio?

Tita

Sí, sí. Yo me siento y tú me meces.

Cuca

No, no. Yo me siento y tú me meces.

Tita

Tú me meces.

Cuca

No. Tú me meces.

Tita *(Exaltándose.)*

¡Que tú!

Cuca *(Más exaltada aún.)*

¡Que tú, que tú, que tú!

Las dos *(A un mismo tiempo y enojadísimas.)*

¡Tú, tú, tú, tú! ¡Tú, tú, tú!

> *Entra la Vieja catarina tapándose
> los oídos y sumamente disgustada.*

Vieja

¿Qué significa todo este ruido, escandalosas catarinitas? Estoy tratando de dormir mi siesta, y sólo escucho ¡tú, tú, tú! ¡Tú, tú, tú! ¿Acaso son cornetas?

Tita

No, somos catarinitas.

Vieja

Pues no lo parecen. Las catarinitas juegan tranquilas y modosas.

Cuca

Es que ella, abuela, siempre quiere mandar.

Tita

Es que ella, abuela, no quiere obedecer.

Cuca

Ella a fuerza quería bailar con el caballito azul.

Tita

Ese fue el que me gustó, ¡vaya!

Vieja

¡Tontas, más que tontas! Desperdician el tiempo en peleas, en vez de disfrutar el día tan hermoso. Hoy no llueve, brilla el sol. El aire es fresco. Y ustedes, en vez de jugar, pelean. Hay que ceder. Hay que esperar que te llegue tu turno.

Cuca *(Asombrada.)*

¿Tu turno?

Vieja

Sí señor, tu turno. En el juego, a cada quien le llega su turno.

Cuca

¿Qué es eso de turno?

Vieja

Tú eres primero, y yo después. Tú me meces a mí, y luego yo te mezo a ti.

Tita

¡Pero es que yo quiero ser primero!

Cuca

No, la que debe ser primero, soy yo.

Vieja

Y por querer ser cada una primero, se quedan con un palmo de narices. En cambio, si lo hacen por turnos, jugarán de todos modos. ¿Qué mas da quién sea la primera? ¡El chiste es saber jugar!

Cuca

Entonces, yo seré segunda.

Tita

No, yo.

Vieja

¿Otra vez?

CUCA

    ¡Ay, perdón! *(A Tita.)* Di tú.

TITA

    No. Di tú.

CUCA

    Tú, tú, tú.

TITA

    Tú, tú, tú.

VIEJA

    ¿Otra vez, cornetitas?

TITA

    ¡Pues empecemos otra vez, todo!

CUCA

    ¡Sí, sí! ¡Desde el baile!

TITA

    Pero ya no están los caballitos.

VIEJA

    ¡Sí, sí, miren, allá vienen!

Entran los caballitos del diablo bailando.

VIEJA

    ¡Anden, anden! ¡No pierdan la oportunidad! ¡Anda, Tita, baila con el verde! ¡Y tú, Cuca, con el azul! ¡El caso es bailar!

Las catarinitas bailan con las parejas indicadas.

CUCA

    ¡Ah, qué divertido es bailar!

TITA

    ¡Estoy feliz!

VIEJA *(Gritando y palmeando.)*

    ¡Cambio de turno! ¡Cambio de turno!

Cuca y Tita cambian de pareja y bailan
un rato más. Entra la madre.

TITA
  Madre, madre, ven a bailar con nosotros.
CUCA
  Hemos aprendido a bailar por turnos.
TITA
  Y a jugar por turnos.
CUCA
  Es más divertido que pelear.
TITA
  Sí, sí, es más divertido.

>   *Tita le cede su pareja a la madre*
>   *y principia a bailar con la vieja.*

VIEJA

>   *(Después de un corto tiempo.)*

  ¡Cambio de turno! ¡Cambio de turno!

>   *Todos cambian varias veces de pareja,*
>   *riendo y gozando el baile.*

CABALLITO VERDE
  Es el vals "Sobre las olas".
CABALLITO AZUL
  Sobre las olas del mar.
TODOS
  ¡Es el vals "Sobre las olas"! ¡Sobre las olas del mar!

  Telón.

LA POBRE RANITA

Román Calvo

Adaptación teatral de un cuento del libro
A la luz de mi lámpara de Berta Von Glümer.

Personajes

Varias ranas grandes, adultas
Varias ranas pequeñas, sus hijas
Una Ranita
Un Pez padre
Dos o tres pececitos, sus hijos

*La escena debe representar un estanque rodeado por rocas,
tierra y maleza. En la parte posterior, deberá estar
una gran roca, tras la cual puedan ocultarse los peces.
Las educadoras tienen gran ingenio para representar
este escenario de manera talentosa y económica.
Tanto el pez, como los pececitos, pueden ir con leotardos
multicolores y pequeños sombreritos que simulen la cara
del pez. Me imagino a los niños-ranitas dando saltos elásticos
de ésos que les gustan tanto. Los peces deberán moverse
contoneando las caderas y dando pasitos cortos.
Al iniciarse la acción, el Pez mayor, acompañado de sus
hijuelos, nadará recorriendo el estanque, al ritmo de una
música que puede ser "El acuario" de El Carnaval de los
Animales, de Saint-Säens. El Pez habla de vez en cuando.
Después de un tiempo, irán a esconderse detrás de la roca.*

Pᴇᴢ

Por acá, por acá, queridos. Tú, plateado, no te acerques
tanto a la orilla. Por acá, por acá, pequeños. No se alejen de
mí. ¡Cuidado! No se acerquen tanto a los tallos de esa planta.
Es peligroso. Pueden enredarse en ellos. Síganme, síganme.
Vamos detrás de esa roca, ahí siempre hay buena comida.
Vamos, vamos. No te atrases, chiquilín. ¡Cuidado con esos
tallos...! Vamos, vamos...

*Los peces desaparecen tras la roca. Después de un buen tiempo
llegan todas las ranitas brincoteando muy contentas. Se
expresarán siempre en coro, e imitando el croar de las ranas.
Las grandes, lo más grave que se pueda y las pequeñas, en tono
agudo o el normal de los pequeños.*

Gʀᴀɴᴅᴇs
Aquí hay un lugar, ar, ar.
Pᴇǫᴜᴇñᴀs
Podremos nadar..., ar..., ar...
Gʀᴀɴᴅᴇs
Me quiero mojar... ar..., ar...
Pᴇǫᴜᴇñᴀs
Yo quiero jugar..., ar..., ar...

Saltando se meten al agua y chapotean muy contentas.

Gʀᴀɴᴅᴇs
El agua está fresca..., esca..., esca.
Pᴇǫᴜᴇñᴀs
El agua está rica..., ica..., ica.

*Sin dejar de dar brincos danzan acompañados de la música de
la "Danza de los elefantes" de El Carnaval de Säint-Saens.
Cuando la danza termina, las ranas mayores empiezan a salir
del agua hasta llegar a la orilla.*

Gʀᴀɴᴅᴇs *(Llamando.)*
Por acá... Por acá... Por acá...

PEQUEÑAS *(Saliendo.)*
    Ya oí... Ya oí... Ya oí...
GRANDES
    Júntense ya..., ya..., ya... Júntense ya..., ya..., ya...
PEQUEÑAS
    Ya estamos aquí...., aquí... aquí...

Todas ya están fuera del agua, menos una ranita que ha quedado atrapada de una patita entre los tallos de la planta acuática.

RANITA
    ¡Auxilio, auxilio! ¡No puedo salir! ¡Sálvenme!

Todas las ranas, grandes y pequeñas, de tan asustadas, se quedan totalmente quietas viendo a la ranita que no puede salir.

RANITA
    ¡Tengo una pata atorada! ¡Auxilio!
GRANDES *(Asustadas, levantando las manos al cielo, pero sin hacer nada por ayudarla.)*
    ¡Se va a ahogar..., ar..., ar... ¡Se va a ahogar..., ar..., ar...
PEQUEÑAS *(Llorando a mares y levantando sus manitas, pero sin moverse.)*
    ¡Se va a morir..., ir..., ir...! ¡Se va a morir..., ir..., ir...
GRANDES *(Poniéndose las manos sobre los ojos, para no verla.)*
    ¡Sálvenla! ¡Sálvenla!
PEQUEÑAS *(Poniéndose las manitas sobre los ojos.)*
    ¡Sáquenla! ¡Sáquenla!

Al escándalo, el pez y sus hijos salen de entre las rocas.

PEZ
    ¿Qué es lo que pasa? ¿por qué tanto escándalo, señoras?
GRANDES *(Señalando a la ranita.)*
    ¡Se va a ahogar..., ar..., ar...!

Pequeñas *(Señalando con sus manitas.)*
>¡Se va a morir..., ir..., ir...!

Pez *(Furioso.)*
>Pues hagan algo. Tiren de ella, en vez de estar ahí llorando.

>*Las ranas, consternadas, no hacen*
>*caso y siguen llorando aún más fuerte.*

Grandes
>¡Se va a ahogar..., ar..., ar...!

Pequeñas
>¡Se va a morir..., ir..., ir!

>*El pez, valiéndose de su boca y sus aletas,*
>*desprende a la ranita de la planta acuática*
>*y la lleva a la orilla con las demás ranas.*

Pez
>¿Ya ven qué fácil fue? Todo era cosa de resolverse, de actuar.
>No de quedarse ahí, llorando.

>*Las ranitas no lo escuchan, sino que rodean y abrazan a su*
>*compañerita que se ha salvado, luego se separan en dos grupos*
>*y mirando al pez entonan lo siguiente:*

Grandes
>¡Ca...si...se...aho...gó...o...o...o...o!

Pequeñas
>El...Pez...la...sal...vó...o...o...o...o...

Pez
>El pez la salvó, porque decidió salvarla. En cambio, ustedes,
>sólo supieron llorar. ¡Hay que tener valor!

Grandes
>¡El tuvo valor...or...or...or!

Pequeñas
>¡El se decidió...o...o...o...!

Pez
>Vámonos hijos, con estas ranitas no se puede platicar.

Pececitos (*Siguiéndolo.*)
>   No se puede platicar..., ar..., ar... No se puede platicar...,
>   ar... ar...

Grandes
>   ¡El pez se enojó...o...o...o...!

Pequeñas
>   ¡Ya quiero cenar...ar...ar...ar...!

Salen todas brincando y repitiendo las dos últimas frases.

Telón.

¡Epaminondas, hijo mío!

Román Calvo

Adaptación teatral de un cuento del libro
A la luz de mi lámpara de Berta Von Glümer

Personajes

Un duende
Epaminodas
La madre
La tía

A la izquierda del espectador, la fachada de una casita de cuento. Para llegar a la puerta, hay que subir tres escalones. Es la casa de Epaminondas y su madre. A la derecha, otra fachada de casita. Es la casa de la Tía. Al centro, entre una casa y otra, el campo. A lo lejos, algunos árboles pintados en un telón.

Sale el Duende vestido graciosamente: con un sombrero puntiagudo y campanita en el remate; zapatos de la misma manera, puntiagudos y con campanitas. Da dos o tres maromas y luego saluda alegre a los niños.

Duende
    ¡Hola, niños! ¡Hola, hola! Yo soy un duende y me dicen el duende Cuentacuentos. ¿Y saben por qué? Pues porque me encanta contar cuentos. Y aquí, hoy, en este momento, les voy a contar uno. Había una vez una mamá, que se llamaba...

*Sale la Madre por la puerta de su casa. Avanza hacia el
duende y saludando gentilmente al público dice:*

MADRE
Mamá, solamente mamá.

DUENDE
Y también había una tía... que se llamaba... *(Mismo juego de
la Tía. Sale de su casa y saluda.)*

TÍA
Tía, solamente Tía.

DUENDE
Y un niño que se llamaba...

Sale Epaminondas de su casa y mira embobado al público.

DUENDE
Se llamaba... *(Gritándole para llamarle la atención.)*
¡Epaminondas!

Epaminondas mira al duende.

DUENDE *(Imperativo.)*
Preséntate, Epaminondas.

*Epaminondas ríe complacido y sin hablar, se señala a sí mismo
confirmando que él es Epaminondas.*

DUENDE
Bueno, él es Epaminondas. Y sucedió que un día,
Epaminondas se fue a visitar a su tía.

*La madre principia a despedir a Epaminodas, mientras la Tía
va a su casa y finge hacer alguna actividad.*

MADRE
Y ve con mucho cuidado, Epaminondas.

EPAMINONDAS
Sí, mamá.

MADRE
No te distraigas en el camino.

EPAMINONDAS
No, mamá.

MADRE
Ve derechito, derechito.

EPAMINONDAS
Sí, mamá.

MADRE
Saludas muy correctamente a tu tía.

EPAMINONDAS
Sí, mamá.

MADRE
Le haces la caravana que te enseñé. ¿A ver?

Epaminondas hace una caravana, doblándose exageradamente.

MADRE
¡Muy bien! ¡Muy requetebién!

EPAMINONDAS
Sí, mamá.

MADRE
Además, le das un beso a tu tía de mi parte.

EPAMINONDAS
Sí, mamá.

MADRE
Bueno, ya puedes irte. *(Preocupada.)* Y que Dios te ayude, hijo mío. ¡Ay, las madres tenemos que dejar volar a los hijos!

EPAMINONDAS
Adiós, mamá.

MADRE
Adiós, Epaminondas. ¡Hijo mío!

Saca un pañuelo y le dice adiós al muchacho. Luego se limpia
las lágrimas y se suena. Epaminondas se va muy contento,
galopando y chiflando.

DUENDE
Epaminondas tiene que atravesar el campo, por un camino
largo, largo.

El niño da dos vueltas al escenario para simular que ha
caminado mucho. Llega a la casa de la Tía y toca la puerta.
Sale la Tía.

EPAMINONDAS *(Haciendo su caravana.)*
Buenos días, tía.
TÍA
¡Epaminondas, hijo mío, qué gusto de verte!

Entran a la casa.

DUENDE
Epaminondas ha pasado el día entero con su tía. Ahora es
la tarde y el muchacho regresará a su casa.

Epaminondas y la tía salen de la casa.

TÍA
Me dio mucho gusto tenerte en casa, Epaminondas.
EPAMINONDAS
Sí, tía.
TÍA
Dale un besito a tu madre de mi parte.
EPAMINONDAS
Sí, tía.
TÍA
Y ten, ten este panquecito recién salido del horno, dorado
por fuera, amarillo por dentro y rociado de azúcar y canela,
para que lo lleves a casa, Epaminondas.
EPAMINONDAS
Gracias, tía.

La tía entra en su casa, le dice adiós con la mano a
Epaminondas y cierra la puerta. Epaminondas queda quieto
contemplando el panqué que tiene en una mano, luego,
resueltamente, pone la otra mano encima y aprieta fuerte, como
si el panqué se le fuera a escapar. Así inicia la marcha. Da las
dos consabidas vueltas al escenario y llega a su casa, donde la
madre realiza alguna actividad: barrer, regar plantas, etc.
Epaminondas lleva las manos aún más apretadas que antes.

MADRE *(Sorprendida y curiosa.)*
> ¿Qué traes ahí, Epaminondas?

EPAMINONDAS *(Jubiloso.)*
> Un panqué, mamacita. *(Abre las manos y caen las migajas*
> *en que se ha convertido el panqué.)*

MADRE
> ¿Panqué? ¡Son sólo migajas! Pero, Epaminondas, hijo mío,
> así no se trae un panqué, ni un pastel, ni un bizcocho.

EPAMINONDAS
> ¿No?

MADRE
> No. Un panqué se envuelve en un papel limpio, se pone el
> bulto en el sombrero, se pone el sombrero en la cabeza, y
> se camina ligerito a casa. ¿Me has oído, Epaminondas?

EPAMINONDAS
> Sí, mamá.

DUENDE
> Pocos días después, volvió el niño a casa de su tía.

Mímica —esta vez más rápida— de despedida de la madre y
trayecto por el campo. La Tía bate algo en una batea. Llega
Epaminondas.

EPAMINONDAS
> ¿Qué haces, tía?

TÍA
> Estoy haciendo mantequilla, amarilla como el oro, dulce,
> fresquecita. Cuando te vayas te daré un rollito especial para
> que lo lleves a tu casa.

EPAMINONDAS
> Sí, tía.

DUENDE
> Ya es la hora de volver a casa, y la Tía le da la mantequilla.
> ¡Medio kilo de mantequilla!

> *Vemos la acción. Epaminondas recibe la mantequilla.*

EPAMINONDAS
> Gracias, tía. ¿Puedes darme un papel limpio?

> *La tía entra a la casa y sale con un pedazo*
> *de papel. Se lo da al niño.*

EPAMINONDAS
> Gracias, tía.

TÍA
> Adiós, Epaminondas. *(Entra a su casa y cierra la puerta).*

Epaminondas envuelve la mantequilla con el papel; se pone el
sombrero en la cabeza, coloca el paquete de mantequilla sobre
el sombrero y principia su camino.

DUENDE
> Hacía mucho calor ese día y el camino era largo... Así que
> cuando Epaminondas llegó a su casa...

> *Epaminondas hace tranquilo el trayecto a su casa,*
> *hasta llegar ante su madre.*

MADRE
> ¡Santos cielos, Epaminondas! ¡Qué tiene tu gorra! ¡Qué
> tienes tú!

EPAMINONDAS *(Jubiloso.)*
> Medio kilo de mantequilla, mamacita.

MADRE
> ¿Mantequilla? ¡Ay de mí! Epaminondas, hijo mío, piensas
> menos que un burro. La mantequilla no se lleva así. Cuando
> le dan a uno mantequilla, toma uno bastantes hojas frescas,

la envuelve en ellas, va uno al arroyo, la mete en el agua y la deja enfriar... y enfriar... y enfriar... y endurecer. Luego la coge uno y la trae en la mano así, con cuidado, dejando escurrir el agua, y llega uno a casa lo más rápido posible. ¿Entendiste, Epaminondas?

EPAMINONDAS

Sí, mamá.

DUENDE

Pasaron varios días, y otra vez fue Epaminondas a casa de la Tía.

Epaminondas sale directo de su casa a la de la Tía.
Esta vez su madre no lo despide.

TÍA *(Al verlo llegar.)*

Epaminondas, qué bueno que viniste. ¡Te tengo una gran sorpresa! La Pinta tuvo perritos hace dos semanas. Uno de ellos es para ti. Te lo llevarás hoy en la tarde.

EPAMINONDAS

¿Tía, tienes hojas de lechuga?

TÍA

¡Todas las que quieras, pequeño! *(Entran a la casa.)*

DUENDE

En la tarde, Epaminondas salió con su perrito, lo envolvió en las hojas de lechuga, lo llevó al río, lo metió en el agua... y ahí lo dejó enfriar... y enfriar... y enfriar...

Vemos al niño actuar lo que dice el Duende.
La orilla del escenario puede simular el arroyo. Epaminondas
se levanta y llevando al perrito en la mano, escurriendo agua,
se dirige a su casa.

MADRE *(Al verlo llegar.)*

¡Misericordia! ¿Qué es eso que traes, Epaminondas?

EPAMINONDAS *(Jubiloso.)*

¡Un perrito, mamá!

MADRE

¿Un perrito? ¡Ay, pobre de él! ¡Y ay, pobre de mí! Epaminondas, hijo mío, ¡qué calabaza eres! Así no se lleva nunca un perro. Se consigue una cuerda, se ata al cuello del animal, se pone el animal en el suelo, se coge la otra punta de la cuerda y echa uno a andar por delante así... ¿Comprendes, Epaminondas?

EPAMINONDAS

Sí, mamá.

DUENDE

La próxima vez que Epaminondas fue a visitar a su tía, ésta le regaló una hermosa piña recién pelada. Fresca, grande, hermosa, y aún con su penacho.

Vemos cómo la tía le regala la fruta.

EPAMINONDAS

Pero tía, necesitaré una cuerdecita para poder llevármela.

TÍA *(Sonriendo.)*

¡Ah, quieres llevarla colgando! ¡Qué niño tan listo!

Saca de la bolsa de su delantal una cuerda y se la da. Luego le planta dos sonoros besos en ambas mejillas y entra a su casa. Epaminondas ata la cuerda entre el penacho y la fruta, pone ésta en el suelo, toma la otra punta de la cuerda y echa a andar arrastrando la fruta.

DUENDE

Y así Epaminondas cruzó un arroyo, siguió por la orilla arenosa, continuó por un camino cubierto de polvo y hojas secas y llegó a su casa.

MADRE

¡Válgame toda la corte celestial! ¿Qué clase de animal traes ahí, Epaminondas?

EPAMINONDAS *(Jubiloso.)*

Es una piña, mamá.

MADRE

¡Será puré de piña revuelto con tierra! ¡Ay, Epaminondas, hijo mío, tienes menos sesos que un pollo! No volverás a ir a casa de tu tía! ¡No, no! ¡Ya no!

Duende

A la semana siguiente, la madre se preparó para ir de visita a casa de la Tía.

De la casa, sale la Madre con una gran olla y la pone en el escalón cercano a la puerta.

Madre

Epaminondas, hijo mío, ya me voy. Dejo aquí junto a la puerta, para que se enfríe, esta olla con leche hervida. ¡Cuidadito como la derramas! ¿Lo oyes bien? ¡Cuidadito como la derramas! ¿Me oíste, Epaminondas? ¿Me oíste bien?

Epaminondas

Sí, mamá.

Duende

La madre se fue y Epaminondas se sentó en la escalera de su casa. *(Epaminondas hará exactamente todo lo que describa el Duende.)* Estuvo un largo, largo rato, sin saber qué hacer. Si jugar a la pata coja, a las canicas o a los volados. No se decidía por ningún juego, y ya miraba a un lado, ya a otro. De pronto, descubrió la leche y se acordó de los consejos de su mamá: ¡Cuidadito como la derramas! Y decidió ser totalmente obediente. Tomó las asas de la olla y muy cuidadosa, pero muy cuidadosamente derramó la leche en los escalones.

Epaminondas

(Muy contento y satisfecho viendo a los niños del público.) Ahora sí mi mamá no se enojará. ¡La derramé con mucho cuidadito! (Ríe bobo.)

Telón

LA ASTUTA ZORRA
Y LA CUERVA VANIDOSA

Tere Valenzuela

Teresa Valenzuela

Estudió la licenciatura en teatro en el INBA.
Es actriz y directora de escena. También ha ejercido la docencia
y ha sido jefa del Departamento de Teatro Infantil del INBA.
Como dramaturga tiene muchas obras dedicadas al público infantil,
algunas de ellas ganadoras en concursos tales como el "Celestino
Gorostiza" convocado por el ISSSTE y Editores Mexicanos Unidos.
En esta misma editorial le han publicado varios de sus textos,
así como en la Revista Teatral *Tramoya*.

Personajes:

Zorra
Cuerva
Zenzontli

En un campo yerto, un árbol seco con hueco, por donde se asoman cosas de comer: chorizos, quesos, frutas, trozos de pan, etc., el hogar de la rica y ridícula señora Cuerva. Se escuchan cánticos destemplados que salen de su casa.

Zorra *(Entrando.)*
¡Ay! ¡ay! El sol en lo alto: medio día debe ser. ¡Y yo, que desde ayer tarde no he encontrado qué comer! He recorrido el campo olfateando el viento para ver si descubría aroma de algún sustento, pero nada. ¡Ya me estoy temiendo que éste será otro día que pasaré sin alimento! *(Hace una caravana al público.)* La casa de ustedes. Tengo tres hijitos hambrientos. *(Hacia el árbol, olfatea y suspira hondo.)* Y pensar que otros viven en la opulencia...

La señora Cuerva sale del interior del árbol y, mordisqueando una fruta, sigue canturreando.

Zorra
Como esta señora Cuerva, que se da tantos aires de grandeza, y no es más que una vulgar ratera: entra en las casas del pueblo vecino, a donde yo ni me acerco, por temor a una

paliza. Pero ella hurta víveres y sale volando de prisa. (*Suspira suavemente.*) ¡Ay, quién tuviera alas!

CUERVA (*Cantando más fuerte y desafinadísima.*)
Si a tu ventana llega una paloma,
trátala con cariño que es mi persona.
Si a tu ventana llega alguna zorra,
trátala con desprecio por pobretona...

ZORRA (*Cortés.*)
¡Buenos días, señora Cuerva! Veo que está usted contenta.

CUERVA (*Con la boca llena.*)
En cambio usted trae la cara descompuesta.

ZORRA (*Humilde.*)
Es que hace tiempo que no pruebo alimento y...

CUERVA (*Interrumpe.*)
¡Ay, qué fuerza de voluntad! ¿Cómo le hace? Yo tengo que bajar de peso, ya me lo dijo el doctor, pero no puedo resistir la tentación.

ZORRA (*Enojada por la burla, pero contenida.*)
Si usted quisiera, yo podría ayudarle con ese problema. Cada que usted tuviera ganas de comer, yo podría hacerlo por usted.

CUERVA (*Riendo con malicia.*)
¡De ninguna manera! No quiero ser la culpable de que pierda su esbelta figura.

ZORRA (*Perdiendo la paciencia.*)
¡Basta de ironías! Usted bien sabe que estoy hambrienta, y en lugar de socorrerme, ¡juega conmigo, burlándose de mi suerte! (*La cuerva entra en su árbol con grandes carcajadas y la Zorra se aleja muy enojada, gritándole.*) ¡Cuerva horrorosa! ¡No sólo es avariciosa y ratera! ¡También es una malvada! (*Se tropieza con el Zenzontli, que va entrando.*) ¡Ay, perdón, señor...!

ZENZONTLI (*Saca una tarjeta y se la da.*)
Profesor Zenzontli, a sus órdenes, madama.

ZORRA (*Leyendo.*)
"Maestro de canto, graduado en los jardines de Babilonia, doctorado en solfeo y gorgoreo. Se dan clases a domicilio.

También se destapan caños, se hacen permanentes caseros, cortes de pelo, se visten Niños-Dios..."

ZENZONTLI *(Quitándole su tarjeta.)*

Bueno, eso último es cuando no hay alumnos para el bel canto, madama. Ya sabe cómo está de escaso el trabajo para los maestros. Pero precisamente lo que ahora vengo buscando es el árbol domicilio de una alumna que, ¡oh milagro!, ha pagado bien y por adelantado.

CUERVA *(Saliendo de su árbol.)*

¡Profesor Zenzontli! Por fin llega usted. Ya hace rato que lo esperaba. Suba, por favor. *(A la zorra.)* ¡Y usted váyase de aquí, pelada! *(La zorra se aleja haciendo gestos.)* Profesor, se tardó usted un minuto. Habíamos quedado que estaría aquí a las doce en punto. *(Mirándolo de arriba a abajo.)* Yo pensaba que era usted como todos los ingleses, porque... ¿es inglés, verdad?

ZENZONTLI

No, señora.

CUERVA

¡No! ¿Italiano?

ZENZONTLI *(Cantando.)*

Soy puro mexicano nacido en esta tierra...

CUERVA *(Decepcionada, interrumpe.)*

Yo pensé que sería extranjero, por su nombre, pues.

ZENZONTLI

Mi nombre es náhuatl, señora.

CUERVA *(Entusiasmada.)*

¿Y en qué país se habla ese nacual?

ZENZONTLI *(Desesperado.)*

El náhuatl, señora, se hablaba en estas tierras antes de la llegada de los españoles, y aún existen comunidades que lo hablan en...

CUERVA *(Interrumpe.)*

Bueno, profesor, yo no quiero aprender esas cosas sin importancia. *(Muy emocionada.)* Para lo que lo he contratado es para que me enseñe a cantar ópera.

Zenzontli
   ¡Ópera!

Cuerva
   Sí, he oído que es lo más finolis. Así que empecemos cuanto
   antes.

Zenzontli
   Está bien. Cante algo para ver sus aptitudes.

Cuerva
   Le cantaré la que mejor me sale. *(Se pone en pose, tose y
   canta como siempre, pero sintiéndose divina.)*
   Cuandoooo, saliiii de laaaa Habanaaaaa, ¡váaaalgameeee
   diooooooos...!

Zenzontli *(Cerrándole el pico, horrorizado.)*
   ¡Dios me valga...! Digó, que no está mal, pero tiene que
   estudiar mucho, ¡muchísimo! Vamos a empezar. Oiga y
   repita: mi, mi, mi, miii.

Cuerva *(Desentonadísima.)*
   ¡Mi, mi, mi, miuuu!

Zenzontli *(Con los oídos tapados.)*
   De nuevo, señora.

Cuerva *(Más desentonada que antes)*
   Mi, mi, mi, miiiiii.

Zenzontli *(Con sus plumas erizadas.)*
   Otra vez, no se detenga.

Cuerva *(Enfadada.)*
   ¿Cuánto tiempo voy a estar haciendo mimimí?

Zenzontli
   ¡Como cinco años! Si no es que más.

Cuerva *(Más enfadada.)*
   ¿Y, después?

Zenzontli
   Pues quizás pasemos al ma, o al me o mu...

Cuerva *(Enfadadísima.)*
   ¡Pero si yo quiero cantar, no aprender las vocales! ¡Póngame
   una ópera, que para eso le he pagado!

Zenzontli *(Enérgico.)*
   ¡Imposible!

CUERVA *(Furiosa.)*

¡Entonces, devuélvame mi dinero!

ZENZONTLI *(Cohibido.)*

Imposible, también. Tenía deudas, usted sabe y...

CUERVA

¡Así que aparte de mexicano es pobre! ¡Qué horror! Ya decía yo que no podía ser buen maestro!

ZENZONTLI *(Ofendido.)*

¡Lo soy!, y uno de los mejores, pero soy profesor, no Dios; por lo tanto, no hago milagros. ¡Y lograr que usted cante sería uno! *(Saliendo.)* ¡Adiós!

CUERVA *(Muda de rabia, casi desmayándose.)*

¡Ahggg! ¡Me da! ¡Me da el ataque!

ZORRA *(Que ha observado la escena, muerta de risa.)*

¡Jiar! ¡jiar! ¡Qué buena lección le han dado a esa vanidosa! Ese profesor Zenzontli sí sabe poner a los necios en su lugar. *(Reflexiva.)* Admiro su honestidad y valentía, pero yo no sería tan impulsiva.

CUERVA *(Tomando un enorme pedazo de queso.)*

¡Qué tristeza! ¡Qué coraje! Me comeré un bocadillo, pues el refrán dice que "las penas con pan son buenas". *(Se pone en el pico todo el enorme trozo.)*

ZORRA *(Acercándose al árbol, muy actuada.)*

¿Qué sería? ¿Una calandria? ¡No! Era un trino más precioso. ¡Un ruiseñor! ¡Eso debe ser! ¿Pero dónde estará? ¿Cómo era su canto? ¡Ah, sí! ¡Mi, mi, mi! Así cantaba, pero a mí, para nada me sale igual. Esa garganta privilegiada era de un ave con voz educada, pero por aquí no hay más que la señora Cuerva. No, no creo que haya sido ella. ¡Ay, lo que daría por volver a escuchar ese "mi, mi, mi"!

CUERVA *(Suspendida, sorprendida y finalmente, complacida, suelta el queso para entonar, feliz.)*

Mi, mi, miiiiiii. *(Orgullosa.)* ¿ya vio que sí era yo? ¡Zorra tonta!

ZORRA *(Tomando el queso.)*

¡Claro, quién otra! Sólo usted puede ser tan necia y vanidosa. ¡Jiar! ¡Jiar!

CUERVA *(Furiosa, pierde la cabeza y le avienta con lo que se encuentra: su comida.)*
¡Tome, maldita Zorra! ¡Tome! ¡Flaca condenada! *(Se da cuenta de lo que hace y más coraje le da.)* ¡Ay! ¡Qué estoy haciendo! ¡Ahggg! ¡Me da! ¡Me da el ataque!

Se mete a su árbol, furibunda.

ZORRA *(Feliz, recogiendo todo.)*
Por mis hijitos y yo. ¡Ya comimos!

Sale riendo feliz.

ZENZONTLI *(Entrando.)*
A la vanidosa locura, siguió la furia, y de ambas cosas, la Zorra sacó tajada. *(Al público.)* Tomen ustedes su parte y no se queden sin nada. Aprendan esta lección, y a los que hemos actuado, ¡mil aplausos, por favor!

Entran la Zorra y la Cuerva, y agradecen juntas.

Telón.

¡Sho!, LAS MOSCAS

Tere Valenzuela

Personajes:

Mosca Lupe
Mosca 1
Mosca 2
Mosca 3, pandilla de Lupe
Mamá de Carlos
Carlos, niño de diez años
Lulú, niña de once años
Nacho, joven de unos veinticinco años
Maestra, señora treintona
Mosca Chelo
Tres moscas mínimo, pandilla de Chelo

*Lo ideal sería que esta obra se presentara en la escuela,
justo en una asamblea de padres de familia. Pero puede presentarse
en cualquier lado con facilidad, puesto
que la producción es mínima.*

*Tiempo: actual. Lugar: cualquier ciudad grande o pequeña.
El escenario representa una cocina. Puede ser un telón
pintado o hasta un solo objeto representativo del lugar,
que tenga la dimensión adecuada para contrastar
con el tamaño de los actores.*

MOSCA LUPE *(Entra y canta.)*
　　¡Esto es fantástico!
　　¡Y casi mágico!
　　La puerta abierta
　　me encuentro hoy.
　　Y a este clásico
　　lugar doméstico,
　　como es lo típico
　　me llego yo.

　　　　　　　Chifla y entran otras tres.

TODAS
　　¡Lupe! ¡Es fantástico!
　　¡Casi selvático!
　　Por tantas cosas
　　que hay de comer.
　　¡Esto es fantástico!
　　¡Y casi mágico!
　　Hay hartas cosas
　　para comer.

MOSCA LUPE *(A las que andan afuera.)*
　　¡Vengan p'acá, sonsas! *(A las demás)* ¡Miren a la tonta de
　　Chonita, con todos sus moscuincles, ai anda dándose de
　　topes contra el vidrio de la ventana!

MOSCA 1
　　¡Jiar! ¡Jiar! ¡Sí es cierto!

MOSCA 2
　　¿Pos qué no ve la puertota abierta?

MOSCA LUPE *(A Mosca 1.)*
　　Vaya y tráigasela, ¡órale!

MOSCA 2
　　Yo voy por mis primas, las de la esquina ontá el basurero.
　　(Sale.)

MOSCA 3
　　Pos yo voy a decirles que se vengan pa'acá a las de la micilania.

MOSCA LUPE
　　¡No, a ésas, no! Déjalas que pasen hambre un rato. Ya vio,

cuando nosotras no teníamos onde mover la quijada y juimos pa allá, nos corrieron quesque porque ése era su territorio.

Mosca 3

¡De veras, Lupita! Ya mi acuerdo, las muy invidiosotas.

Mosca Lupe

Perora "se les voltió el chirrión por el palito", porque desde que le pusieron a la puerta tela desa de cuadritos, ai nomás andan asomándose por ajuera.

Mosca Lupe *(A Mosca 3, que ya va saliendo.)*

¡Oiga! ¡Ai le encargo también que le avise a mi comadre Chelo, ques bien cuatita! *(A la Mosca 1.)* Aunque nomás por cortesía, porque ella nada necesita. Fíjense que agarró una zona rebuena allá por la escuela.

Mosca 1

Pos yo voy a ir a traer a mi agüelita Faustina, que no puede volar bien, la pobrecita.

Mosca Lupe

De viejecita que está, claro.

Mosca 1

No, de un periodicazo que le acomodaron ayer. Pos voy y vuelvo, pues. *(Saliendo.)* ¡No se vaya a acabar todo! ¡Guárdenos un cacho de esa cascarita de plátano que se ve de rechupete!

Mosca Lupe

¡No se preocupe, hay harto! *(Se frota las patas con fruición.)* ¡Híjoles! ¡ese cacho de longaniza colgado de un clavito! ¡Qué ojitos me echa! *(Agarra vuelo.)* ¡Allá voy, ricura! *(Sale corriendo.)*

Ahora pasamos a la recámara de Carlitos. Está en la cama. Su mamá, sentada junto a él, preocupada. Hay una mesita de noche encima de la cual se ven frascos de medicamentos y una jarra con agua.

Mamá

¡Estate quieto, Carlos! ¡Vas a quebrar el termómetro! Si no es dulce, ¿para qué lo chupas?

CARLOS
    ¡Tengo hambre, mamá!
MAMÁ *(Tomando el termómetro y viéndolo.)*
    Eso es señal de que ya estás mejor. A ver... treinta y seis y
    medio. *(Sacudiendo el instrumento.)* ¡Gracias a Dios! Ya te
    bajó la temperatura.
CARLOS *(Incorporando medio cuerpo y muy entusiasmado.)*
    ¡Entonces ya puedo comer lo que quiera! Mira, primero
    me traes unos huevitos revueltos con frijolitos. Luego, un
    pan con cajeta. No..., ¡mejor, dos! Y después, un licuado de
    fresa. No..., ¡mejor, de chocolate! Y...
MAMÁ *(Interrumpe.)*
    ¡Nada de eso! Tienes que seguir a dieta por un tiempo, si
    no, vas a volver a enfermarte.
CARLOS *(Haciendo berrinche.)*
    ¡Ay, no, ma! *(Patalea sobre la cama, hace pucheros.)*
MAMÁ
    ¡Y no hagas berrinchitos, que ya estás sano y te puedo dar tus
    coscorrones, eh! *(Él se calma un poco, pero sigue enojado.)* Y
    tampoco me veas con esos ojos de gato. ¿Acaso yo tengo la
    culpa de que te hayas enfermado? Me he cansado de decirte
    que no comas cosas en la calle, pero no entiendes. ¿Por qué
    compras porquerías, si aquí en la casa comes bien? Y todos
    los días que vas a la escuela, te hago tu tortita y te la pongo
    en la mochila. ¡Pero, no! Ahí andas de guzgo, comiendo
    cuanta cochinada te encuentras. Lo que te vas a sacar es que,
    de ahora en adelante, no te voy a dar ni un centavo para
    gastar, y le voy a decir a tu papá que tampoco te dé.
LULÚ *(Entrando.)*
    ¡Ya vine, mamá!
MAMÁ
    Qué bueno, hija. ¿Le avisaste a la maestra de Carlos que ya
    está mejorcito?
LULÚ
    Sí. Dijo que le daba gusto y que le mandaba muchos saludos,
    y que ojalá pronto regrese a la escuela para que no se atrase,
    porque en dos semanas son los exámenes finales.

Mamá *(A Carlos.)*

Vas a tener que estudiar mucho para ponerte al corriente. Yo creo que mañana te vas a la escuela. Ya no tienes fiebre.

Carlos *(Fingiendo.)*

¡Ay, ya me volvió! Tiéntame, Lulú. ¿Verdad que sí?

Mamá

No hagas teatrito y cobíjate, no sea que ahora te resfríes. Y tú, hija, ven a ayudarme con los trastes. Tengo que hacer una buena limpieza. Estos días no he podido hacer nada por estar cuidando a tu hermano.

Lulú *(Fingiendo.)*

¡Ay, creo que yo también me estoy sintiendo muy mal! Tiéntame, Carlitos. ¿Verdad que tengo fiebre?

Mamá *(Siguiéndoles la corriente, les toca la frente.)*

¡Huy, sí! ¡Tienen mucha temperatura! *(Toma una cajita de la mesita.)* Les voy a poner dos inyecciones a cada uno.

Ambos *(Con temor.)*

¡Ay, no! ¡Ya nos aliviamos!

La mamá sale riendo.

Lulú

Ahorita voy a ayudarte, mamá. *(Al hermano.)* ¡Chihuahua! ¡Qué envidia me das! Tú te la vas a pasar ahí, acostado, mientras yo lavo trastes. *(Suspira, resignada, y se encamina a la salida.)* ¡Ojalá que a mí también me hubiera dado tifoidea!

Carlos

Ni creas que se siente tan bonito. Dan unos retortijones horribles, y parece que se va a voltear uno al revés de tanto vomitar. *(Empieza a exagerar al ver la impresión que va causando.)* ¡Y los ojos te dan vueltas, como rehilete! ¡También duelen todos los dientes! ¡Y los oídos zumban todo el tiempo! ¡Adentro de la cabeza parece que trae uno cuetes! ¡Y truenan! Total: que todo el cuerpo duele espantosísimamente.

Lulú *(Asustada.)*

¿Y es contagioso?

CARLOS
  ¡Sí, muchísimo! ¡Se le pega a uno nomás de ver a quien la tiene!
LULÚ *(Se tapa los ojos.)*
  ¡Ya me voy, manito!
VOZ DE LA MAMÁ
  ¡Tomen! ¡Tomen! ¡Fuera! ¡Ahora verán, condenadas moscas!

Mientras Carlos sale de escena con Lulú, cargando la cama y la mesita, las atacadas moscas pasan por escena gritando ayes ad libitum, haciendo señas obscenas a la Mamá, etcétera.

Cambio de escena. Ahora es la fachada de una escuela. Puede ser sólo un letrero. Hay un puesto ambulante de aguas frescas y frutas rebanadas. Nacho, frente a su puesto, anuncia feliz su mercancía.

NACHO
  ¡Aguas frescas! ¡Naranjas con chiliiii! ¡Pepinos con chiliiii! ¡Sandía con chiliiii! ¡Papayas con chiliiii!
CARLOS *(Entra.)*
  Me da un agua de limón.
NACHO
  ¿Con chili?
CARLOS
  No, con hielo. *(Le sirven.)* ¡Póngale un cachote bien grandote!
LULÚ *(Entra.)*
  ¡Carlitos! ¡Vas a ver con mi mamá, chiquito!
CARLOS *(Bebiendo con rapidez y deleite.)*
  ¿Qué? ¿Yo, qué?
LULÚ
  Te dijo que no anduvieras comiendo cosas en la calle.
CARLOS *(Ofreciéndole.)*
  ¿Quieres un traguito?

LULÚ

No, dice mi mamá que... *(Hace calor y el agua se ve
deliciosamente fresca.)* ¡Bueno! *(Toma el vaso.)* Que conste
que nada más para que tú no te la tomes toda y te vaya a
hacer daño. *(Quedaba poca y la bebe toda de un trago.
Devolviendo el vaso.)* Gracias. Ahora vámonos a la casa.

NACHO

Momentito. ¿Quién paga?

CARLOS *(Señalando a su hermana.)*

Ella.

LULÚ

¡Yo!

CARLOS

Yo no traigo ni un quinto y tú te la acabaste todita. "El que
se la acaba paga".

> *Lulú paga de mala gana. Entra la maestra.*

MAESTRA

¡Carlitos! ¡Lulú! Vengan acá.

CARLOS

¡Ya nos cayó el chahuistle!

> *Avanzan tímidamente a donde está la maestra.
> Ella también se acerca.*

LULÚ *(Por justificarse.)*

¡Maestra! Yo... le estaba diciendo que no comiera cochinadas.
¡Ya nos vamos!

CARLOS *(Saliendo a la carrera con Lulú.)*

¡Hasta mañana, maestra!

NACHO *(Gritando a los que salen.)*

¿Cochinadas? ¡Más respeto a la mercancía! *(Muy orgulloso.)*
En mi modesto, aunque próspero establecimiento, la
limpieza es lo principal.

MAESTRA

¿Con la fruta a la intemperie?

NACHO

Pero bien lavadita, maestra.

MAESTRA

¿Cómo va a ser? Si en esa cubeta lava todo.

NACHO

Pues no pensará que me traiga el lavadero de mi casa.

MAESTRA

Mire, yo no quiero discutir con usted. Sólo voy a pedirle que no venda aquí, afuera de la escuela. En este mes ya van cuatro niños que pone en cama por comer esas frutas contaminadas.

NACHO

¿Yo, poner niños en sus camas? ¡Si ni los conozco! ¡Ni sé dónde viven! Menos voy a saber dónde duermen, seño.

MAESTRA

¡No se haga el chistoso!

NACHO

Si no me hago, me hicieron. Desde chiquito soy así. Fíjese, maestra, que cuando nací, dice mi mamá, que en paz descanse, dice que me vio y se atacó de risa. Bueno, eso dice ella.

MAESTRA *(Corrigiendo.)*

Decía.

NACHO

¿Quién decía?

MAESTRA

Su mamá. No dice; decía, porque ya está difunta.

NACHO

¿Mi mamacita? No, ella me vive todavía, gracias a Dios.

MAESTRA *(Sin comprender.)*

Pues, ¿no dijo "En paz descanse"?

NACHO

Sí, porque le gusta mucho descansar. Allá en la casa de usted, se la vive sentadita y cabeceando. Es que ya es grande y trabajó mucho mientras pudo. ¡Harto lavaba y planchaba ajeno! ¿Qué le ha hecho la pobre de mi mamacita a usted, maestra?

MAESTRA *(Asombrada.)*

¿A mí? ¡Nada! ¿Por qué?

Nacho

Pues primero me la da por difunta y luego me quiere correr de aquí. Así me la mata de veras de hambre, porque yo la mantengo. Si no vendiera, imagínese nomás, ¿qué haría?

Maestra

Pues no sé, trabajar en otra cosa. ¿Qué sabe hacer?

Nacho *(Gritando como si anunciara su mercancía.)*

¡Aguas frescas! ¡Naranjas con chiliiii! ¡Pepinos con chiliiii! ¡Piña con chiliiii!

Maestra

¿Nada más eso sabe hacer? *(Comprensiva.)* De seguro no tuvo usted oportunidad de ir a la escuela.

Nacho.

Sí fui, ¿cómo no? Muchos años. *(Hace cuentas usando sus dedos.)* Ora verá: uno, dos tres; luego, otros tres; y después, tres más.

Maestra

¡Nueve años! Entonces, hizo primaria y secundaria, ¿verdad?

Nacho

No, seño. De la primaria no pasé; es que hice tres años de primero, tres de segundo y...

Maestra *(Lo interrrumpe.)*

¡Y tres años de tercero! ¡Sí, ya entiendo: reprobaba usted.

Nacho

No, me reprobaban.

Maestra

Porque de seguro no estudiaba.

Nacho

Yo más bien pienso que se encariñaban conmigo los maestros.

Maestra

Mire, dejémonos de platiquita. Yo lo...

Nacho *(Interrumpe.)*

¡Bien dicho! Ya no me distraiga, que estoy trabajando. *(Grita.)* ¡Aguas frescas! ¡Naranjas con chiliiii! ¡Jícama con chiliiii!

MAESTRA *(Interrumpe enfadada.)*
¡No diga tonterías!

NACHO
¡No son tonterías! Es cosa seria. Hay gente malora, sin corazón, que vende eso y otras cosas peores. Yo les traigo cosas buenas, sabrosas. ¿Cree que si no les gustaran, me comprarían? Si son chamacos, no mensos.

MAESTRA *(Calmada.)*
Yo no digo que la fruta sea algo malo, al contrario: es fuente de vitaminas y minerales, y... ¡Pero así, como usted la expende, está contaminada! Y en vez de hacerles bien, los enferma. En el aire hay virus, bacterias; las moscas también son portadoras de ellos. ¡Mire nomás cuánta mosca!

NACHO
¡Pos yo las espanto a cada rato, pero regresan! ¡Son tercas!

MAESTRA
Y las aguas frescas, hechas con agua de la llave, también tienen virus, bacterias y hasta larvas de parásitos.

NACHO
¿Para... qué?

MAESTRA
¡Parásitos intestinales! Animalitos que minan la salud y provocan enfermedades.

NACHO *(Acercándose al recipiente.)*
Pos yo no veo nada.

MAESTRA
Porque son microscópicos. No se ven a simple vista.

NACHO
¡Ah, condenados! ¡Quien los viera! ¡Tan chiquitos y tan malvados!

MAESTRA
Ya ve: por no haber aprovechado sus días de escuela.

NACHO
¿A poco todo eso ai les enseña a los chavos? ¿Y sabiéndolo, le entran?

MAESTRA
Desgraciadamente, sí, porque son ¡tercos, como qué cosa!

NACHO

Como moscas, seño. Pero, ¿sabe?, lo que pasa es que con este calor, pos se les antoja refrescarse.

MAESTRA

Para eso hay en la escuela una cooperativa, donde se les venden refrescos limpios, pasteurizados.

NACHO

Pos serán posporizados o como se diga, pero no están helados; ni siquiera, frescos. Están tibios y saben a cartón. Bueno, eso oigo yo que dicen los chamacos.

MAESTRA *(Sabe que es cierto.)*

Bueno, tal vez, pero... *(No sabe qué más decir. Poniéndose enérgica, para no darle oportunidad de sacar otro argumento.)* ¡Pero se va de aquí, por favor!

NACHO

Pos me iré allá a la vuelta, entonces, y allá me irán a seguir. Va a ser lo mismo, seño, nomás que se van a tardar un poco más en llegar.

MAESTRA

¡Qué descaro!

NACHO

Es la puritita verdad. Y van a tener que atravesar la calle, con peligro de que los vaya a apachurrar un coche. Ya ve cómo pasan por aquí, encarrerados. Ni caso hacen del letrerito ese de: "Despacio, escuela". Mejor aquí me quedo, ¿no?

MAESTRA *(Enfadándose.)*

¡Que no! *(Tratando de conciliar.)* Si tan siquiera pusiera la fruta dentro de una vitrina, hirviera el agua, o usara desinfectante, vasos desechables...

NACHO *(Interrumpe.)*

¡Újule! ¿Todo eso? Ni que fuera restorán. Mi pobre "Luchita" *(Así se llama el carrito.)* no da para hacer tamaña inversión. A lo mejor, el año que entra. Eso sí: me quedo aquí, que es donde se vende mejor.

MAESTRA *(Harta.)*

¡No! No y ¡no! ¡Qué terco es usted! ¡Dios mío! Parece...

NACHO *(Entre dientes.)*
Profesora.

MAESTRA
¿Cómo dijo?

NACHO *(Empujando su carrito.)*
Nada, seño, que ya me voy. ¡Aguas frescas! ¡Naranjas con chiliiii! ¡Jícamas...!

Sale pregonando su mercancía y la Maestra también
sale llevándose el letrero de "escuela", o la escenografía
que se haya usado.

Ahora vamos a ver a la mosca Lupe y sus compañeras, y a la mosca
Chelo y su pandilla. Estas se encuentran en un puesto ambulante,
el cual se puede representar con un teloncito donde haya frutas
pintadas, o con una sola de gran tamaño. Se puede hacer una
enorme tajada de melón o de sandía, con papel maché.
También hay en el mercado unas medias esferas de unicel,
que por su gran tamaño puede ser mitades de naranja.
La escena será cantada y bailada. La tonadilla será fácil
de inventar por las esdrújulas del texto.

La mosca Lupe entra con su grupo, todas casi arrastrándose
con vendajes y hasta muletas.

MOSCA LUPE *(Recita, gradilocuente.)*
¡Comadre, no somos nada!
¡Ayer, reina; hoy, maltrecho insecto!

Entra música.

PANDILLA DE LUPE *(A coro.)*
¡Ay, de nosotras! ¡Ay, ay, ay!

MOSCA CHELO *(Cantando.)*
¡Comadre Lupe!
¿Por qué tan trágica?

MOSCA LUPE *(Cantando.)*
¿Pos qué no mira que estoy raquítica?

La mosca Chelo le mira el ojo, bajándole el párpado inferior.

Mosca Chelo
    ¡Ay, santo cielo!
    ¡Si está usté anémica!
    ¿Pos qué no, plácida,
    vivía usted?

Mosca Lupe
    Pero maléfica
    señora aséptica,
    con furia súbita
    nos atacó.
    Y la voz sádica
    de "¡fuera, móndrigas!",
    sin tener lástima,
    de ai nos echó.

Pandilla de Lupe *(En coro.)*
    ¡Con polvos tóxicos
    y sosa cáustica,
    dejó sin mácula
    aquel hogar!

Mosca Lupe
    Y hoy vago, lóbrega,
    volando, escuálida,
    ¡y casi agónica,
    por no tragar!

Mosca Chelo
    Seque sus lágrimas,
    que en este mínimo
    carro simétrico,
    no ha de faltarle
    un mal lugar.

Mosca Lupe
    Pero da lástima
    ver estas pránganas

que el mismo trance
pasando están.
Pandilla de Chelo
¡Pues vengan súbito,
oh, pobres huérfanas,
que somos pródigas
y muy románticas!
Todas ustedes
se han de quedar!

Las moscas, huéspedes felices, avientan sus muletas
y se quitan los vendajes. Con ellos, hasta pueden
enriquecer las evoluciones coreográficas.

Todas *(A coro.)*
¡Aquí no hay límites!
¡Y el aire es rítmico!
Porque una impráctica
mano, muy lánguida,
pretende echarnos
haciendo así:

Hacen, con sus manos, como si espantaran moscas.

¡Sho! ¡sho! ¡sho!

Se mueren de risa.

¡Vengan de súbito
las moscas huérfanas!
¡Vengan aquí!
¡Aquí no hay límites
y el aire es rítmico!
¡Porque una impráctica
mano, muy lánguida,
pretende echarnos
haciendo así:
¡Sho! ¡Sho! ¡Sho!
¡Ja! ¡Ja! ¡Ja! ¡Ji! ¡Ji! ¡Ji!

*Salen de escena muriéndose de risa y cargando
la escenografía. De nuevo en la calle, se escuchan ruidos,
cláxones, etcétera.*

NACHO

¡Aguas frescas! ¡Naranjas con chiliiii! ¡Jícama con chiliiii!
¡Piñas con chiliiii! *(Espantando las moscas con la mano.)*
¡Moscas! ¡Sho! ¡Sho! ¡Sho! *(se escuchan risitas, de las moscas,
claro.)* ¡Condenadas! Con esos zumbidos, hasta parece que
se rieran. No sé de qué podrían estar tan contentas. ¡Debería
darles vergüenza! Ustedes son las que enferman a los
chamacos y a mí me echan la culpa. ¡Sáquense de aquí!

*Se escucha el chirriar de unos frenos y gritos. Entra Carlos,
asustado, lívido. Lulú entra detrás de él, igual de asustada.*

LULÚ

¡Ay, manito! ¡Por poquito!

MAESTRA *(Entrando, preocupada.)*

¡Carlitos! ¿Estás bien?

CARLOS

Creo que sí... *(Se ve el cuerpo, se palpa. Los otros, a la
expectativa, esperando el diagnóstico. Con una sonrisota.)*
¡Sí, estoy bien! Nomás tengo... *(Suspenso.)* ¡Sed! (Ve las
aguas frescas y se relame.)

LULÚ

¡Ay, Carlitos! ¡Después del susto que nos das, sales con eso!

NACHO *(Acercándose a la maestra.)*

¿Ya ve, maestra? Se lo dije.

MAESTRA

¡Usted ni diga nada, que tiene la culpa de todo!

NACHO

¡Ora, yo!

¿A poco yo iba manejando ese coche? Yo el único carro que
tengo es éste, y no ando atropellando gente con él.

MAESTRA

Se va a tener que ir de aquí.

NACHO

¿Otra vez? Oiga, seño, usted me va a ir eche y eche, ¡hasta que llegue a Querétaro! Los chamacos van a tener que tomar camión para ir por sus aguas.

MAESTRA *(Muy decidida.)*

¡Esto no puede seguir así! ¡Venga! Y ustedes también, niños.

NACHO

¿A dónde?

MAESTRA

¡A la escuela!

NACHO

No, seño, yo ya fui nueve años...

La maestra ha tomado el carrito y va saliendo. Nacho va gritando detrás, y los muchachos están felices, por el inusitado suceso. También van saliendo y riendo.

NACHO

¡Oiga! ¡Maestra! ¡no se lleve a mi "Luchita"!

El escenario queda vacío unos instantes. En seguida entra la maestra y se dirige al público, como si fuera la asamblea de padres de familia.

MAESTRA

Buenas tardes, señoras, señores. Estimados padres de familia, en la junta de hoy tenía programado que habláramos sobre las asistencias y las calificaciones de sus hijos, así como de la ceremonia de fin de cursos que ya está próxima, pero antes de que tratemos estos asuntos, quiero que veamos un problema que es igual o más importante que todo eso. Este problema del que quiero que hablemos ha traído consecuencias, que si hasta ahora no han sido funestas, no debemos esperar a que lo sean. Me refiero a la salud de los niños. Yo sé que ustedes tratan de que coman bien y observen hábitos de higiene, que estén en buenas condiciones...

MAMÁ DE CARLOS *(Interrumpiendo.)*

Sí, maestra, eso sí. Yo no les compraré zapatos nuevos, pero su leche, su huevo, su frutita no les falta. Y en la casa de usted, pobre y chica, pero todo relumbra. Y mis chamacos son feos, pero se bañan.

MAESTRA

Sí, señora García, ya sabemos que es usted muy buena madre, todas... Bueno, casi todas lo son. Pero los niños no sólo viven en casa...

MAMÁ DE CARLOS *(Interrumpe.)*

¡Quiere decir que llevan una doble vida!

MAESTRA

Me refiero a que en la calle están expuestos a muchas cosas y...

MAMÁ DE CARLOS *(Interrumpe.)*

¡Ah! Ya sé de lo que habla. *(Al público que la rodea.)* Es que fíjense que mi Carlitos se me enfermó hace poco...

MAESTRA *(Interrumpe.)*

¡Y no solamente él! También Alvarado Godoy Marcos; y su niña, Doña Mary; y sus cuatitos, Señor Martínez.

MAMÁ DE CARLOS *(Al público.)*

¡Y es que no entienden que no deben comer cosas en la calle! Hasta que no se enferman. Ahora que se alivió mijo ya prometió que no iba a volver a hacerlo. *(Al niño, que entra.)* ¿Verdad, Carlitos?

El asiente con la cabeza, poniendo cara de inocente serafín.

MAESTRA

Pues ésa es otra parte del problema: que los chamacos, ni enfermándose, dejan de hacerlo. Y es que también hay que comprenderlos: son niños. Si a uno de adulto, bien que se le antojan las cosas...

MAMÁ DE CARLOS

¿Ah, sí?

MAESTRA

¿A usted, no?

Mamá de Carlos *(Confesando.)*
>   No, pos sí. La mera verdad, yo a veces no resisto la tentación de echarme unos taquitos. ¡Hummm! ¡Riquísimos! Allá por mi calle.

Maestra
>   Por otra parte, no podemos condenar a la gente que se gana la vida vendiendo. Desempeñan un trabajo honrado, y a veces, el único que saben hacer. Por eso he querido traer ante ustedes a una parte importante, aunque involuntaria de nuestro problema particular. *(Hace una seña.)* Pase, Nacho.

De aquí en adelante, la obra tomará el curso que el público le dé. Los actores, sin abandonar sus personajes defenderán sus causas y podrán guiar al público en sus intervenciones.

Cualquiera que sea el final de la junta, las moscas saldrán a cerrar el telón, con la siguiente canción:

Todas las moscas
>   Somos volátiles,
>   de formas gráciles,
>   y nada fáciles
>   de destruir.
>   Y mientras sigan
>   haciendo así
>   ¡Shu! ¡Shu! ¡Shu!

Mosca Lupe
>   Solamente me hacen reír.

Todas las moscas
>   Ja, Ja, Ja, Ji, Ji, Ji.

Telón.

ANITA LA DEL DURAZNO

Tere Valenzuela

Obra para niños pequeños (con títeres planos,
de guante, o títeres y actores)

Personajes

Diez Duraznitos
Un árbol
Doña Anita
Vagabundo
Gusano Blas
Gusano Nicolás
Pajarita
Tres pajaritos

Todos los personajes pueden representarlos cinco actores.

Hay un árbol que lo forman tres o más actores, con sus cuerpos; sus brazos serán las ramas, y con sus manos animarán los frutos, la Pajarita, los Gusanos.

Duraznitos (*Cantando.*)
Tipi, tip, top,
¡viva el Árbol!,
¡viva yo!
Tip, tip, top,
duraznitos
somos hoy,
pero pronto
creceremos
y duraznos

grandotes
seremos.

Doña Anita *(Entrando.)*

¡Qué alegres amanecieron mis Duraznitos! *(Al público.)*
¡Hola, niños! Este árbol tiene ya sus frutos. ¿Los ven?
Pequeñitos, pero pronto crecerán y haré una deliciosa
mermelada con ellos. ¿Les gusta la mermelada? ¿Y a quién
no? Este árbol se llama Durazno, como sus frutos. Yo
misma lo planté y lo he cuidado desde chiquito, con agua,
abono y cariñito.

Duraznitos *(Cantando.)*

Tip, tip, top,
¡viva Anita!,
¡viva el sol!
Tip, tip top,
ellos dos
nos dan amor.

Doña Anita

Como ya escucharon, Anita es mi nombre: "Doña Anita,
la del Durazno", así me dicen por aquí, y me gusta que me
digan así, porque en verdad estoy muy orgullosa de mi
hermoso árbol y de sus frutos.

Duraznitos *(Cantando.)*

Tip, tip, top,
cuando maduremos,
muy sabrosos seremos
Tip, tip top,
yo soy uno
yo soy dos.

Doña Anita

Sí, aquí hay dos.. ¿Y tres, allá, son...? Cinco. ¡Claro! ¡Cinco
hermosos duraznitos! Y allá hay otros cinco.

Duraznitos *(Cantando.)*

Tip, tip, top,
tengo hambre,
también yo.
Tip, tip, top,

tengo sed,
tengo calor.

DOÑA ANITA
Ahora que están creciendo es cuando más necesitan de alimento. La tierra se los dará, el sol y yo. Así que voy a traer agua para regar mi árbol. *(Sale.)*

VAGABUNDO *(Entrando. Canta.)*
Caminando voy sin rumbo
recorriendo todo el mundo.
Me llaman el Vagabundo.
No me quedo en ningún lado
ni un segundo.
Tengo un amor muy profundo
por la plena libertad.
Tra, la, la. Tra, la, la,
por la plena libertad.
Tra, la, la. Tra, la la,
por la plena libertad.
Tra, la, la. Tra, la, la,
lari, la, la, la, la.

(Al público.)

¡Caray! Hace hambre. ¿Verdad? Las caminatas despiertan el apetito, y sobre todo cuando son tan largas. Fíjense, vengo desde... ¡A ver, adivinen! Piensen en un lugar muy lejano... ¡Más! ¡Újule! ¡Más allá...! La verdad, está tan lejos de donde vengo y a donde voy, porque soy... ¡el Vagabundo! ¡Caramba! Yo, con tanta hambre, y no he encontrado nada de comer... *(Ve el Árbol.)* ¡Ah! ¡duraznos! *(Arranca uno.)* ¡Ay!, está verde. *(Lo tira.)* A ver, este otro... Más verde, aún. (Lo tira también.) Seguiré mi camino.

(Sale canturreando:)

Caminando voy sin rumbo
recorriendo todo el mundo.
Me llaman el Vagabundo.

DOÑA ANITA *(Entrando.)*
>Aquí está el agua...

DURAZNITOS *(Cantando.)*
>Tip, tip, top,
>me hizo daño
>ese señor.

>Tip, tip, top.
>¡A mí me salió
>un chichón!

DOÑA ANITA *(Levantándose.)*
>¡Ay! Pobrecitos Duraznitos. ¿Quién los arrancó? *(Al público.)* ¿Quién fue? ¡El Vagabundo! Sí, tenía que ser él. Esa gente ociosa cree que puede hacer lo que le venga en gana. ¡Qué barbaridad! Ya no podrán crecer, ni madurar. ¿Ahora, sólo me quedan...? A ver... ¿Si eran cinco de este lado, y estos dos ya no sirven? ¡Claro! Sólo tres me quedan aquí. Y cinco, allá, son ocho los que quedan. Los voy a cuidar más. Será necesario que ponga una cerca, para que nadie los moleste. Iré por lo necesario para hacerla. *(Sale.)*

GUSANO BLAS *(Entrando.)*
>¡Hey! Compadre Nicolás.

GUSANO NICOLÁS *(Entrando.)*
>¿Qué quiere, Compadre Blas?

GUSANO BLAS
>Mire qué frescas y deliciosas hojitas tiene este Árbol. ¿Nos echamos una?

GUSANO NICOLÁS
>Hasta dos.

GUSANO BLAS
>Hasta tres.

Empiezan a devorar las hojitas.

GUSANO NICOLÁS
>Hasta seis o siete o todas. ¡Ji, ji, ji!

DURAZNITOS
>Tip, tip, top,

yo me muero
de calor.
Tip, tip, top
con el sol
tan intenso,
¡ay, desfallezco!

Caen los tres duraznitos que quedaban a la derecha.

Doña Anita *(Entrando.)*
Aquí traigo lo necesario para hacer la cerca... ¡Ay, Dios!
¿Qué les pasó? *(Levantando a los caídos.)* ¿Cómo fue que
cayeron? ¿Acaso regresó el destructor vagabundo? *(Al
público.)* ¿Fue de tanto sol? Pero si el follaje los cuida del
excesivo calor... ¡Cómo fue que desaparecieron las hojas!
(Ve a los gusanos.) ¡Ajá! ¿Conque ustedes fueron los
destructores? ¡Fuera! ¡Largo de aquí! Váyanse al campo.
Ahí encontrarán hierbas que podrán comer.

Gusano Blas
¿Oyó, Compadre Nicolás?

Gusano Nicolás
Sí, Compadre Blas, pero no nos vamos a ir a ningún lado.

Gusano Blas
Claro, Compadre, aquí encontramos comida buena y sin
tenerla que buscar.

Gusano Nicolás
Pos sí, Compadre, sin tener que caminar.

Doña Anita
¡Pero miren nada más el daño que causan a mis duraznitos!
¿No ven que están tiernitos y necesitan la protección de las
hojas?

Los dos gusanos
Eso a nosotros no nos importa. Mientras nosotros estemos
bien, que ruede el mundo.

*Siguen comiendo hojas, hasta dejar el árbol pelado. Luego se
van a dormir en un hueco del mismo árbol que está demasiado
alto y Doña Anita no puede alcanzarlos.*

DOÑA ANITA
¡Qué plagas! Vagabundos, Gusanos... ¿Ahora qué más le puede pasar a mi pobre Durazno?

PAJARITA
Fiu fiu, fiu,
ando buscando un lugar
donde mi nido formar.
Me gusta cantar y trabajar
y en este árbol puedo estar.

DOÑA ANITA
¡Ay, Pajarita! A mí me gustaría que te pudieras quedar, pero mira cómo está mi árbol: lo han mutilado tanto... Primero, un ocioso Vagabundo, y luego estos necios Gusanos que no se quieren marchar.

PAJARITA
¡Ajá! ¿Conque no se quieren marchar, eh? Pues yo los pondré en su lugar. ¡Gusanos! Vengan acá. ¡Despierten!

GUSANO BLAS
¿Oyó, Compadre Nicolás?

GUSANO NICOLÁS
¿Quién nos llama en medio de la siesta?

GUSANO BLAS
No sé, yo nomás oí.

PAJARITA
¡Ahorita mismo se me van de aquí! ¡Destructores!

LOS DOS GUSANOS
No me diga. Pos ésta. ¿Quién se cree?

GUSANO BLAS
¡Ay, nanita! Un ave comegusanos. ¡Vámonos, Compadre!

GUSANO NICOLÁS
Pos vámonos, Compadre. ¡Pa' luego es tarde! *(Salen.)*

DOÑA ANITA
Gracias, Pajarita. Has salvado a los Duraznitos que quedaban. Tenía diez, ¿menos cinco? *(Al público.)* ¿Cuántos quedan...? ¡Cinco, claro! Bueno, ni modo. Saldrá poca mermelada, pero peor es nada. Voy a traer la olla, la cuchara y el piloncillo para preparar la melaza, porque ya casi están maduros. *(Sale.)*

PAJARITA

Y yo voy a buscar ramitas y todo para hacer mi nido. *(Sale.)*

VAGABUNDO *(Entrando.)*

Ya regresé, para ver si ya maduraron los Duraznos y podérmelos comer. Ya casi están. A ver... *(Arranca uno.)* Está verde todavía. *(Arranca otro.)* Y éstos, también.

Lo tira, y hace lo mismo con los otros tres.

DOÑA ANITA *(Entrando.)*

¡Mire nada más: ya nos dejó sin un solo Durazno! Y yo, que iba a hacer mermelada para darles a todos los que por aquí pasaran. Ahora ya no habrá nada.

VAGABUNDO

¡Mermelada! Me encanta. *(Apenado.)* Qué lástima. Lo siento mucho. Lo hice sin pensar. Ojalá pudiera remediar algo...

PAJARITA

¡Volveremos a empezar! Entre todos podemos cuidar del Árbol, para luego disfrutar de su sombra y de sus frutos. *(Construye su nido.)*

VAGABUNDO

Para eso tendríamos que esperar, y yo tengo que caminar y caminar.

DOÑA ANITA

¿Para ir a ningún lugar? ¡Eso puede esperar!

VAGABUNDO

¡Es verdad, empecemos pues!

Colocan las hojas, riegan, mientras cantan:

TODOS

A este Árbol lo cuidaremos,
lo regaremos y la tierra alimentaremos.
Y luego tendremos frutos sabrosos y bellos.
A ningún insecto, ni ser humano dejaremos
que le hagan daño.

DOÑA ANITA

Ahora sí, tendremos la mermelada más deliciosa para todos los que pasen por aquí.

VAGABUNDO

¡Y para nosotros!

PAJARITA

¡Claro! En cuanto crezcan y maduren los nuevos Duraznos, ustedes podrán seguir su camino y llevar una porción de esa deliciosa mermelada que hará Doña Ana.

VAGABUNDO *(Dudando.)*

Pues sí... Tengo que irme a... caminar, para llegar a... ¡No sé a dónde iba! *(Se pone triste.)*

PAJARITA

¡Pero si ya llegó!

VAGABUNDO *(Alegrándose.)*

¡Es cierto! Yo iba a ningún lado, hambriento y cansado; sin oficio, ni beneficio. ¡Aquí he dado un servicio!

DOÑA ANITA

La verdadera libertad no se encuentra caminando sin rumbo; está dentro de uno mismo, cuando trabaja con gusto.

VAGABUNDO

Sí, me gustó cuidar el Árbol.

DOÑA ANITA

Pues yo ya estoy viejecita. Tú me podrías ayudar...

VAGABUNDO *(Feliz.)*

¿Me puedo quedar?

DOÑA ANITA

(Muy contentos, se abrazan.)

¡Claro que sí!

La Pajarita revolotea sobre el Árbol, donde los nuevos Duraznos ya han brotado.

PAJARITA

¡Miren!

Doña Anita y el ex-Vagabundo empiezan a bailar alrededor del Árbol, mientras cantan.

DURAZNITOS

Tip, tip, top,

¡viva Anita!
¡viva yo!

Salen tres Pajaritos del cascarón.

PAJARITOS
fiu, fiu, fiu,
¡y también, este señor!
TODOS
¡Viva el agua!
¡viva el sol!,
y tres hurras
al trabajo
que hoy hicimos
en unión.
¡Hurra! ¡Hurra! ¡Hurra!
Esta historia se acabó...

Repiten la canción mientras se va cerrando el...

Telón.

BRUJULIUX

Margarita Hurtado Badiola

Obra para títeres

Margarita Hurtado Badiola

Nació en el D.F., el 4 de enero de 1956, maestra de educación
primaria y profesora en el Centro de Educación Mundial en
Cuernavaca, Mor., es también coordinadora del área de
Medio Ambiente del Centro de Encuentros y Diálogos, A.C.
Así como coordinadora y colaboradora de la Revista *Fem.*
Escribió esta obra bajo el cuidado del maestro
Dante del Castillo, durante el Diplomado en Títeres
para la Educación, promovido por la
Universidad Pedagógica Nacional y por *Marionetas
de la Esquina A.C.,* en Cuernavaca, Morelos.

PERSONAJES

BRÚJULA
CIRILO

Aparece en escena Brújula, caminando cabizbaja.
Se dirige hacia la ventana desde donde intenta saltar
al vacío. En ese momento aparece Cirilo.

CIRILO
¿Qué haces, Brújula? ¿Cómo vas a volar sin tu escoba? ¿Te has vuelto loca?

BRÚJULA
Caramba, Cirilo, ¿por qué tenías que llegar ahora? justo ahora. Vete, déjame en paz.

CIRILO
Pues no me iré hasta que te deje en paz, pero no en la paz eterna. A mí no me dejarás hablando solo. ¿Qué es lo que te ocurre?

BRÚJULA
Nada.

CIRILO:
¿Cómo nada? Entonces, cómo es que te ibas a echar por la ventana y sin tu escoba? ¿acaso ahora te mueves por control remoto?

Brújula

No, Cirilo, es que me quiero morir.

Cirilo

Sí, eso me sospeché y ¿se puede saber si dejaste hecho tu testamento?

Brújula

¿Eso es todo lo que te interesa? Vete, canalla, déjame en paz, lárgate.

Cirilo

No te enojes, Brujulita, fue sólo un chascarrillo.

Brújula

Pues no estoy para esos trotes. Me sacaste de onda.

Cirilo

Te saqué de la tumba, no de onda. Después me lo vas a agradecer.

Brújula

No lo creo.

Cirilo

A ver, te voy a dar "chance" de que te eches tu brinco final sin escoba, pero antes vamos a platicar. Ándale, invítame un brebaje calientito.

Brújula

¿De qué quieres platicar?

Cirilo

De tu vida. Ya que has decidido echarte este brinco para ver a la huesuda, antes cuéntame tus desventuras.

Brújula

¿Y para qué quieres saberlas? ¿Ya qué más da?

Cirilo

Mugre Brujuliux, tú te vas al más allá y se acabó, yo me quedo aquí y la curiosidad me va a matar.

Brújula

Está bien, pero cuando termine me dejas en paz. ¿Prometido?

Cirilo

Prometido, pero ya empieza.

BRÚJULA

He decidido suicidarme porque no tengo una identidad propia. Mi vida, mis movimientos, mi vestimenta, mi voz, todo, absolutamente todo, depende de los titiriteros. Yo que debería tener poderes, yo que debería poder hechizar, hacer brebajes, en fin, todas las brujerías que hace cualquier bruja, no puedo hacer nada por mi propia voluntad.

CIRILO

Ay, Brujulita, ahora sí te pusiste muy filosófica. Pero a ver, continúa por favor.

BRÚJULA

Ya te lo dije. Yo no puedo ser una bruja auténtica. No tengo una personalidad definida. Nada me pertenece. Esta voz con la que estoy hablando, no es mía, es de una titiritera. Y si mañana se va con otra compañía, esta voz ya no será la misma. ¿Cómo será mi nueva voz? Ni idea. ¿Y si no me gusta? ¿Qué puedo hacer?

CIRILO

Brujulita, tú eres horrible, te lo digo de corazón, por eso me gustas, porque eres una auténtica bruja con tu verruguita sexi y tu narizota y todo. Tienes tu personalidad.

BRÚJULA

Es la pura apariencia. Mi personalidad puede cambiar en cualquier momento. Depende de la titiritera o de quien escriba las obras. Ahora puedo ser malvada y en cualquier rato se les ocurre hacerme hasta buena y allá va a dar mi maldad, directo a la basura. Sin más ni más me pueden hacer una bruja fresa. ¡Imagínate!

CIRILO

Ay, Brujuliux, no te pongas trágica.

BRÚJULA

¿Por qué trágica? ¿Tengo o no razón? y a ti te ocurre lo mismo, así que ya no me hagas seguir hablando porque te voy a mover el tapete y vas a querer dar el changazo. Ya déjame echarme mi brinco final.

Brújula se dirige hacia la ventana con determinación.
Cirilo la detiene.

CIRILO

Brujulita, no me hagas esto. No me dejes solo, no ves que tengo pánico escénico. ¿Cómo entretengo al público? ¿Qué les cuento? Van a decir que te dejé morir, que no logré ni siquiera que acabaras bien la obra.

BRÚJULA

A mí no me interesa lo que piense el público, total, ya pagaron su entrada y a mí no me tocó un pesito. Mi titiritera se lo gastará sola.

CIRILO

Oye, y, por cierto, ¿tú sabes algo de tu titiritera? ¿Sabes quién te hizo, cómo y para qué?

BRÚJULA

No, y no me interesa.

CIRILO

Estás gruesa, Brujulita. De todos modos te voy a contar algo antes de tu brinco mortal para que llegues a la otra vida, sabiendo al menos cómo naciste.

BRÚJULA

Está bien, cuenta pronto que ya quiero irme.

CIRILO

Verás, yo, que fui hecho mucho tiempo antes que tú. Yo que te llevo muchas funciones, te vi nacer. Te vi desde que eras simple papel de baño.

BRÚJULA

¿Papel de baño? Ahora sí me suicido. Ni intentes detenerme. Para consolarme me dices que fui papel de baño. ¡Vaya amistades!

Brújula se dirige de nuevo hacia la ventana con paso acelerado, Cirilo la detiene nuevamente.

CIRILO

Espera, espera, sí eras de papel de baño pero sin caquita, sin mocos, sin usar. Tu titiritera estaba cursando un diplomado en títeres para la educación –fíjate qué elegancia– y tú fuiste su primer títere. Ella te hizo con mucho amor, yo soy testigo. La vi desmenuzar el papel, amasarlo con agua, modelarte. Claro que manos más expertas le ayudaron a que tu nariz quedara hermosa. Te pintó y te vistió con entusiasmo. Y, desde entonces, me enamoré de ti.

Brújula

¿Qué dices, Cirilo? Ya bájale. Ahora hasta cursi te pusiste.

Cirilo, "chiveado", retorciéndose de pena.

Cirilo

Es la mera verdad, Brujulita horrible y adorada. Desde entonces yo soñé en actuar junto a ti, en presentarnos juntos en alguna función y, aunque lo que dices es cierto, creo que a pesar de que tu voz cambie, aunque te manipule quien sea, aunque te hagan representar papeles de malvada o de bonachona, tú tienes alma y nadie te la quita ni te la cambiará jamás. Por lo demás, los cambios te harán una brujita muy versátil. Y yo así te quiero.

Brújula

Creo que tienes razón, Cirilo; yo también puedo ver tu alma en el fondo de tus ojitos y también la encuentro horriblemente hermosa.

Cirilo

¿Ya ves, Brujuliux? ¿Te puedo dar un abrazo de chango querendón?

Brújula

Bueno, pero espérate a que bajen el telón.

Telón.

LOS PAYASOS DEL TEATRO

Tomás Urtusástegui

Tomás Urtusástegui

Retirado de la medicina,
es ahora un dramaturgo muy conocido y prolífico,
de los que conformaron el Grupo de los Doce,
con quienes dio a conocer *El árbol del tiempo.*
La Universidad Autónoma de Puebla publicó de él
Huele a gas, Agua clara y *El poder de los hombres.*
Otras obras como *Vida, estamos en paz;*
La duda y *Cupo limitado*, han alcanzado temporadas
de considerable duración. Actualmente es becario
del Sistema Nacional de Creadores.

Personajes

Roberto Clavito, **12** años
Anselmo Puntillitas, **12** años
Adriana Galaxia, **12** años
Mario Re La Mi Do, **12** años

> *Los cuatro pueden tener dos más o dos menos;*
> *dependerá del año escolar que cursen.*

Escenografía

Salón de escuela utilizado para ensayar teatro, música o deportes. Tiene muy pocos muebles. Ya transformado por los niños, constará de biombos negros a los que se les pueden adherir elementos decorativos de color y movimiento: banderolas, globos, listones, adornos. En el piso, taburetes de los que se usan para subir a las fieras de circo. El resto de los elementos se irán indicando a su debido tiempo. Si es posible, el público se colocará en círculo, igual que en un circo.

Vestuario. Primero el de la escuela: un uniforme cualquiera. Cuando los niños se transformen en payasos, será de la siguiente manera: para Clavito, un vestuario bello, vistoso, alegre. Puntillitas, que es el payaso malo, debe ser vistoso, pero feo; un poco

monstruoso. Galaxia vestirá como una muñeca
de pilas o de cuerda. Relamido vestirá frac de muchos colores,
sombrero de copa dorado, zapatos brillantes.

Música: será moderna y servirá
para recalcar todas las situaciones.

Al abrirse el telón, vemos a los cuatro niños que traen
los elementos de la escenografía y vestuario.
Los tiran en el piso.

Nota: para grupos escolares donde no cuenten con profesores de teatro y deseen montar esta comedia: Los payasos deben contraponerse continuamente, aun en el vestuario. Si los dos visten igual y hacen lo mismo, uno anula al otro. Es muy importante para que se dé el espectáculo que los dos payasos sean, uno protagonista, y el otro antagonista. Uno bello; el otro feo; uno fuerte, el otro débil. Serán inteligentes y tontos; honrados y ladrones; hábiles y torpes; buenos y malos. Los payasos son los personajes fársicos por excelencia y por lo tanto todo lo que hagan, usen y se pongan deberá ser muy exagerado.

En ningún momento los actores deben perder el personaje que representen, en especial siempre que sean vistos por el público. Si en un momento no tienen una acción dramática deberán estar atentos a lo que hacen o dicen sus otros compañeros. Jamás deben dar la impresión de ser otros espectadores más.

El escenario se debe llenar de cosas visuales que den la impresión de que se está contemplando un espectáculo costoso y de mucha imaginación. Los cuatro actores permanecerán prácticamente todo el tiempo en escena y en ella deberán moverse, tocarán instrumentos, cantarán, se comunicarán directamente con el público, bailarán. El espectáculo no debe dar la impresión de estar formado por números aislados sin relación entre sí; todo tiene que formar una unidad.

ANSELMO *(A Roberto.)*
¿Ya te lo aprendiste todo?

ROBERTO
Casi.

ADRIANA
Ya me está dando cus cus.

MARIO
A mí más que cus cus, me están dando ganas de hacer del uno de puro miedo.

ROBERTO
No le hubiéramos hecho caso a la maestra. Si a mí ni me gusta esto del teatro.

MARIO
Y menos, hacerla de payasos. Si ya de por sí, cada vez que hago algo en mi casa, me dicen "no seas payaso".

ADRIANA
Yo tengo nervios, pero sí me gusta.

ANSELMO
Dijimos sí y ahora nos aguantamos. *(A los niños.)* Vamos a poner la escenografía. *(A la niña.)* Tú, vete vistiendo.

MARIO
¿Desde cuándo eres el director?

ANSELMO
Ya es muy tarde.

Se escucha música de circo. Los niños ponen la escenografía, que deberá ser muy fácil de manejar. Con el mismo fondo musical, se visten de payasos y se maquillan. Lo harán en el menor tiempo posible, aunque no les quede perfecto.

CLAVITO
¡Listo! *(Se pone de pie y hace una reverencia.)*

MARIO Y ANSELMO
¡Listos!

Hacen una reverencia. Los tres salen. Ahora hay cambio de luces. Se escucha una marcha. Como en los circos, salen los cuatro payasos en un desfile. Van muy separados uno del otro para

*que cada uno se luzca. Jugarán mientras desfilan con grandes
pelotas, banderas o sombreros. El desfile será lento. Los payasos
arrojarán al público besos, confeti, agua, globos o flores. Al
terminar el desfile, harán una gran reverencia al público. Relamido
estará junto a tambores todo el tiempo.*

CLAVITO *(Dando la mano a diferentes niños.)*
  Buenos días, niño; buenos días, niña; buenos días, mocoso;
  buenos días, mocosa; buenos días, escuincle; buenos días,
  buqui; buenos días, güerco; buenos días, mi cielo; buenos
  días, chavo; buenos días, barrigón; buenos días,
  despeinado...

*Seguirá diciendo buenos días, mientras da toda la vuelta
a la pista. A cada niño le dirá un adjetivo diferente: gordo,
chaparro, reina, etc. Procurará que el adjetivo sea adecuado
al niño al que saluda. Deberá también hacer gracias
con la cara o el cuerpo.*

CLAVITO
  ¡Mi nombre es Clavito!
PUNTILLAS *(Burlón.)*
  ¡Clavito! *(Se ríe de él.)*
GALAXIA
  Clavito clavó un clavito; un clavito, clavó, Clavito.
PUNTILLAS
  Yo también lo puedo decir: un clavito clavó Clavito, Pablito
  clavó a Clavito.
GALAXIA *(Burlándose. Con cantaleta.)*
  ¡No lo pudiste decir! ¡No lo pudiste decir!
PUNTILLITAS *(Enojado, a Galaxia.)*
  ¿Sabes para lo que sirve un clavo? ¡Para clavarlo!

*Saca de su traje un gran martillo de plástico. Sin que se dé cuenta
Clavito, corre hacia él y empieza a clavarlo en el piso. Clavito,
quejándose, se va sumiendo en la tierra agachándose.*

CLAVITO
  ¡Basta! Si me clavas, ya no podré jugar con los niños.

RELAMIDO *(Da de golpes al tambor.)*

¡Odio a los niños! ¡Sólo me gustan en salsa roja, para comérmelos.

CLAVITO

A mí, me encantan.

PUNTILLITAS

Pues, fúchila.

RELAMIDO

Y refúchila. Los niños te llenan de dulce, de babas.

PUNTILLITAS

De orines, de mocos. Todos son sucios.

GALAXIA

No es cierto. Algunos son limpios.

PUNTILLITAS

¿Quién? Nómbrame a uno siquiera.

GALAXIA *(Se acerca a una niña.)*

Mi reina, mi cielo, ¿quieres hacer el favor de decirme tu nombre?

PUNTILLITAS *(Burlón.)*

"Mi reina", "mi cielo". Sí, cómo no. Esa niña es muy traviesa.

CLAVITO

Déjame preguntarle yo.

GALAXIA

No puedes, estás clavado.

CLAVITO *(Saca un largo clavo.)*

Un clavo saca a otro clavo, y como yo soy Clavito...

Con el clavo se desclava, se va irguiendo poco a poco. Al fin está libre. Brinca de contento. Puntillitas trata de clavarlo otra vez con el martillo. Falla el golpe y cae al suelo. Clavito ríe.

CLAVITO *(A la niña del público.)*

¿Eres traviesa?

RELAMIDO

Sí lo es, sí lo es. Además, yo la vi con estos hermosos ojos... *(Hace ojitos metiéndose el dedo en la nariz).*

CLAVITO *(Se mete un dedo en la nariz.)*
¿Tú te metes los dedos en la nariz...? ¡Cochina! *(Se saca el dedo, se lo limpia en el pantalón.)* Eso nunca se debe hacer.

PUNTILLITAS
Y no sólo ella, vi a otro niño hacer lo mismo.

Señala a algún otro niño del público. Los cuatro actores lo van a ver en forma crítica. Clavito mete el dedo, o da la impresión que lo mete, en la nariz de ese niño; saca, con truco, un largo moco hecho de papel plegado: juega con él, se lo embarra a otro niño.

RELAMIDO
¡Puercos!

CLAVITO
Pero ya es hora que los niños sepan nuestros nombres. ¿Cuál es el mío? *(Espera a que se lo digan; si no lo hacen, él lo dirá.)* Clavito. ¡Muy bien! Este hombre feo, feo y malo es ¡Puntillitas! ¿Y ella? La mujer que viene de otros planetas, que viaja en naves espaciales, que puede flotar en el aire, la mejor cantante del momento... ¡Sí, señores, sí, señoras, sí niños y niñas. Ella es... ¡Galaxia! *(Galaxia no se mueve, a diferencia de Puntillitas, que hizo mímica cuando lo presentaron.)* ¡Galaxia, saluda a los niños! *(Galaxia no se mueve.)* Perdón; de seguro ya se le terminó la pila. *(Saca una gran pila y hace mímica de metérsela por la boca. Galaxia va tomando vida, se mueve como muñeca de cuerda, sonríe ampliamente.)* ¡Galaxia, ante ustedes!

Ella saluda; puede cantar alguna canción de moda o fingir que la canta, en play back. *Los demás payasos bailan formando su coro. Al terminar agradece los aplausos.*

CLAVITO
Por último, el gran músico, ¡Relamido!

RELAMIDO *(Toca una batería o al menos unos tambores con gran ímpetu.)*
¡Clavito, Puntillitas, Galaxia y su servidor, queremos mostrarles algo que todos conocen, pero que de seguro no les han explicado.

Todos

ΙΕl teatro!

Galaxia

Miren, yo sé hacer teatro. Lo hago siempre en mi casa. *(Hace un berrinche, llora.)*

Puntillitas

Yo también lo hago. *(Ríe a carcajadas.)*

Clavito

Para hacer teatro lo primero que se necesita es un espacio, un lugar... como éste.

Puntillitas *(A los niños.)*

No le hagan caso, los está engañando. Los teatros tienen cortinas, butacas, lámparas, telones.

Clavito

Es cierto; algunos tienen todo eso, pero otros no. El teatro griego se representó al aire libre, sin cortinas. El teatro se puede hacer en cualquier sitio. *(Galaxia y Puntillitas bajan al público, hacen alguna rutina de mímica.)* Ellos están haciendo teatro en ese lugar, aunque es mejor hacerlo en un sitio donde exista un escenario, luces, sonido, música. *(Suena música alegre; todos la bailan un momento.)* El escenario es donde actuamos, donde nos movemos, donde triunfamos noche a noche... *(Clavito recibe una rechifla de los demás.)* Sí, de nuestros triunfos. *(Levanta los brazos como campeón de box.)* Y de alguno que otro fracaso. *(Llora desesperadamente).*

Relamido

Él, puros fracasos; nosotros, puros triunfos.

Levantan los brazos; los otros, se los bajan, y al contrario. Será un juego coreográfico.

Clavito

En el teatro triunfamos los artistas, los verdaderos: los actores. Sin actores no existiría el teatro. Recitamos. *(Dice alguna estrofa de algún poema conocido por los alumnos.)* Cantamos. *(Canta algún trozo de música de moda.)* Bailamos.

(Los cuatro bailan muy alocadamente algún rock.) Reímos. *(Se ríen a carcajadas).* Lloramos. *(Todos lloran, sacan grandes pañuelos para sonarse la nariz y limpiarse las lágrimas.)*

PUNTILLITAS

Nosotros sí sabemos hacer todo eso, pero los niños no saben hacer nada de nada. ¡Son tontos!

CLAVITO

Todos pueden; ninguno es tonto. *(A los niños del público.)* ¡Vamos, todos a reir! (Ríen con el público.) ¡Más fuerte! *(Les aplauden.)* ¡Ahora, a llorar! *(Lloran con el público.)* ¡A cantar! *(Mismo juego.)* Y ahora, lo más difícil... ¡Vamos a bailar! ¡Háganlo en sus asientos! *(Bailan con el público. Vuelven a aplaudirles.)*

GALAXIA

¡Bravo, bravo, lo hicieron muy bien!

PUNTILLITAS

Lo hicieron mal. Les voy a enseñar, aunque estoy seguro que no van a aprender. ¡Son unos burros! ¡Así se habla! *(Dice el mismo poema pero casi no se entiende.)* Se canta. *(Desentona.)* Se baila. (Se tropieza y cae.) Se ríe. *(Ríe falsamente)* y se llora. *(Lo hace mal.)* ¡Por algo soy el mejor!

CLAVITO

Uuuuh para Puntillitas. *(Invita a los niños para que también hagan uuuuh. Ríe.)* Bien, ya tenemos el lugar y a los actores. ¿Qué falta? Sí, eso, la historia, la obra de teatro, lo que escriben los autores.

GALAXIA

Yo soy autora y escribí una telenovela. Se llama "Mala madre".

Se colocan todos para hacer un capítulo de telenovela.

CLAVITO

¿Cómo pudiste hacerle eso a nuestro amado hijo?

GALAXIA

¡Perdóname!

PUNTILLITAS

Ella me lo prometió; ella, mi madre.

Relamido suena trágicamente el tambor.

GALAXIA

Hijo, te ruego que me perdones.

CLAVITO *(A Galaxia.)*

¿Pensaste en las consecuencias de tu acto, en el daño que puedes causarle, en...?

GALAXIA

¡Basta! No me atormenten más. Ya pedí perdón. No me digan más. Reconozco mi error, pero tengo una disculpa.

CLAVITO

¿Cuál es?

GALAXIA

Que no había.

PUNTILLITAS

¿No había?

GALAXIA

No, por eso te hice huevos, pero te prometo que mañana sí te hago tus tacos. Ya compré la masa. *(Llorando, abraza a Clavito y a Puntillitas. Solo de tambor.)* Es más, te los voy a hacer ahora mismo. Ayúdenme.

Los cuatro se ponen a hacer tacos con mímica. Los harán a gran velocidad. Hacen las tortillas, las cuecen, hacen los tacos; ya terminados, se los comen.

CLAVITO

Lo que acaban de ver es teatro, es mímica. ¿Les gustó? Ahora todos van a hacer tortillas y tacos. Empezamos cuando cuente tres. ¡A la una, a las dos y a las tres!

Hacen las tortillas con el público. Bajan a ver cómo las están haciendo; después los tacos. Toman supuestos tacos hechos por el público; los comen con gusto.

PUNTILLITAS
Hmmm, qué ricos.

GALAXIA
El actor, para interpretar a un personaje, tiene que usar diversos tipos de ropa; si es un militar, vestirá un uniforme. *(Los otros tres desfilan.)* Si es Adán, saldrá desnudo. *(Al público.)* ¿Alguno de ustedes quiere salir de Adán? Si es un pirata, tendrá su parche en el ojo y su pata de palo. *(Los otros hacen de pirata.)* Y no sólo usamos trajes, también usamos maquillaje para vernos viejos, jóvenes, sanos, enfermos. Para vernos como payasos. ¿Alguien quiere ser payaso?

> *Pasan a dos niños, los maquillan rápidamente*
> *y les ponen su nariz de plástico rojo.*

RELAMIDO
¿Y qué más?

CLAVITO
¿Qué más de qué?

RELAMIDO
¿De qué va a ser?, del teatro.

CLAVITO
Esto es todo. El teatro está hecho con un lugar donde representar, una historia, unos actores que la representan, vestuario y maquillaje; música y bailes, si son necesarios, y una escenografía, que es lo que el público ve al abrirse el telón y nos muestra el lugar donde transcurre la historia.

PUNTILLITAS *(Señalando a Clavito.)*
Él no sabe nada, él no sabe nada. Le falta lo principal.

GALAXIA
Ya dijo todo.

PUNTILLITAS
No, le falta lo principal.

RELAMIDO
¿Qué es lo principal?

PUNTILLITAS
No se los voy a decir a ustedes, se lo voy a decir al público. Ustedes, busquen en sus libros. *(Se acerca al público.)* Lo principal en el teatro es... ¡La imaginación! Ahora van ustedes a imaginar que están en un circo... ¿Ya? Verán actos de magia, de malabarismo, de fieras, de trapecistas, de todo lo que quieran... ¿Listos?

Se escucha nuevamente música de circo. Entre los cuatro ejecutan números circenses de la mayor variedad posible, aunque no sean perfectos: brincos, imitación de animales, imitación del trapecista o del que camina en la cuerda floja, malabarismo, etc. Todo esto acompañado de música y baile.
También harán número de payasos, con el clásico pastelazo o los golpes falsos. Al terminar darán las gracias y saldrán, los buenos persiguiendo a los malos. Regresan corriendo, ahora los malos persiguen a los buenos. Vuelven a salir.
Ahora corren todos, perseguidos por un supuesto león del que se escucha el rugido.

Telón.

El príncipe que tenía que trabajar para seguir siendo príncipe

Miguel Ángel Tenorio

Obra de teatro para niños,
para ser representada por niños

Basada en el cuento original, del propio autor:
Que sí, que no, que todo se acabó.

Miguel Ángel Tenorio

Nació en México, D.F., en 1954. Estudió en el IPN donde asistió
al taller de composición dramática que impartió el maestro
Emilio Carballido. Posteriormente obtuvo la Licenciatura
en Ciencias de la Comunicación en la UAM, Xochimilco.
Ha obtenido y repetido varias becas, ha ganado muchos premios
y ha escrito más de 500 libretos para diferentes series de televisión.
Varias de sus obras han sido representadas con singular
éxito en el país y en el extranjero.
Es autor de más de cuarenta obra; entre otras, se pueden mencionar:
En español se dice abismo, Cambio de valencia,
Adiós, Malena, El cielo nuestro que se va a caer,
La clave de martinillo, Colgar la vida, El hombre del sureste.

Personajes

La Viejita
La Princesa
El Príncipe
La Dama de Compañía
El Muñequito que canta
Gente del Pueblo

Si no hubiera suficientes actores para representar a la Gente del Pueblo, esta parte podría omitirse, sin que realmente la obra sufriera cambios importantes. Sin embargo, sería muy interesante la participación de la Gente del Pueblo, pues con esto ganaríamos espectacularidad.

Escenario: la plaza principal de un pueblo, con su quiosco, sus bancas, sus arbolitos y todo lo que se quiera ver ahí. Por supuesto que todo esto puede representarse al aire libre, en un jardín, en una verdadera plaza; o también, en un salón de clases. Con dibujos o figuras a escala, podrían representarse el quiosco, la iglesia. La imaginación es el único límite.

Escena primera

La Gente del Pueblo, entre quienes aparecen princesas —acompañadas de sus damas de compañía— y príncipes, dan vueltas

vueltas alrededor del quiosco, en la plaza principal.
Ellas lo hacen en el sentido de las manecillas del reloj
y ellos en sentido inverso. Este recorrido puede ser acompañado
con música, y tal vez hasta se pueda inventar un baile para
dar más colorido al inicio de la obra. Tras unas vueltas,
la Gente del Pueblo empezará a cantar
o a recitar estos versos:

LA GENTE DEL PUEBLO
    Ay, Serafín,
    todo tiene su fin,
    que sí, que no, que todo se acabó.
    Que sí, que no, que todo se acabó.

A esta canción se le pueden añadir otros versos.
Siempre cuidando que no se alargue mucho la presentación.
El ritmo y la melodía también serán al arbitrio de quienes usen
este texto. Variaciones en el ritmo y la velocidad son aconsejables,
porque los niños gustan mucho de este tipo de juegos.

Al terminar la canción y el baile, la Gente del Pueblo seguirá
dando vueltas al kiosco; los hombres, en un sentido; las mujeres,
en otro. De pronto, en el quiosco aparecerá la Viejita,
que dará una palmada y todo movimiento se congelará.

LA VIEJITA
    En este pueblo, hace muchos años, vivía una Princesa.

De un lado del quiosco, aparece la Princesa, que viene toda
somnolienta. Al ver que todos la observan, pone rápidamente
cara de despierta.

LA VIEJITA
    Todas las noches soñaba que un gran príncipe venía a pedirla
    en matrimonio.

La Princesa sonríe, entre coqueta y apenada.

La Viejita

En este mismo pueblo vivía también un Príncipe.

Todos miran hacia el quiosco, esperando que de ahí salga el Príncipe. Pero no sale. Voltean hacia la Viejita, que sigue explicando.

La Viejita

Pero era un Príncipe muy pobre. Para seguir siendo príncipe tenía que trabajar.

Entra corriendo el Príncipe, con sus instrumentos de trabajo, que bien pueden ser fantasiosos, o que tengan que ver con los oficios característicos del lugar.

La Princesa, que había esperado con mucha ilusión la entrada del Príncipe no puede verlo, porque la Gente del Pueblo se lo impide, y ella no se asoma más allá de su lugar.

La Viejita

Pero los domingos, el Príncipe se daba un buen baño, y hasta se perfumaba.

Vemos al Príncipe que en mímica se da su baño, se perfuma y se peina. Queda listo para irse de galán.

La Viejita

Cortaba la mejor de las rosas de su jardín, para ponérsela en alguno de los muchos agujeros que tenía su capa. Una capa elegante, pero vieja.

El Príncipe se pone su capa, corta una rosa, se la pone y espera las indicaciones de la Viejita.

La Viejita

Todo esto lo hacía, porque los domingos por la tarde había que salir a la plaza principal. Ahí muchas princesas con sus damas de compañía, salían a dar la vuelta. Un domingo, en una de esas tantas vueltas, se encontraron. ¿Quiénes? Pues la Princesa que soñaba con un gran príncipe y el Príncipe que tenía que trabajar para seguir siendo príncipe.

La Viejita da una palmada y todo se descongela.
La Gente del Pueblo reinicia su movimiento, para poco a poco ir
saliendo y dejando solamente al Príncipe y a la Princesa,
junto con su dama de compañía. El Príncipe mira a la Princesa
y le sonríe, le hace un gesto con la cabeza como de "¡Hola!".
Ella se quiere hacer la desentendida y pretende alejarse.
El Príncipe va tras ella y le habla. La Dama de Compañía se aleja.
La Viejita mira unos instantes y luego también se aleja y sale.

PRÍNCIPE
Buenas tardes, ¿cómo está usted?
PRINCESA
Pues yo, bien; ¿y usted?
PRÍNCIPE
Pues yo, también.
PRINCESA
¿Dando la vuelta?
PRÍNCIPE
Sí, ¿y usted?
PRINCESA
Pues yo, también.

El Príncipe toma la rosa que trae en su capa, hace una
reverencia y le entrega la rosa a la Princesa.

PRÍNCIPE
Princesa, hace mucho que la conozco y, aunque esto que le voy a decir suene a imprudencia, también desde hace mucho quiero hacerle esta confidencia.
PRINCESA
¿Qué clase de confidencia es ésa?
PRÍNCIPE
Aunque suene a impertinencia, yo la quiero para quererla con mucha querencia.

PRINCESA

Mire usted nada más, qué impaciencia. Pero fíjese usted que en este momento no quiero ser de nadie la querencia.

PRÍNCIPE

¿Y por qué tanta resistencia?

PRINCESA

Yo sé lo que son las querencias. Toda querencia tiene un principio y un final. Y después de la querencia, viene la ausencia.

PRÍNCIPE

¿Pero de dónde le viene tal creencia?

PRINCESA

Es cosa de la experiencia.

PRÍNCIPE

Pero la sola experiencia no hace a la ciencia. Y el amor, princesa, el amor es una ciencia.

PRINCESA

Mucha ciencia, mucha ciencia, pero el amor también es inclemencia.

PRÍNCIPE

Es una cosa de conciencia.

PRINCESA

También de inconsistencia.

PRÍNCIPE

Para eso yo tengo un remedio.

PRINCESA

¿Cuál?

PRÍNCIPE

Pues la diaria presencia.

La Princesa va a decir algo, pero se contiene.
Cambia de idea.

PRINCESA

Ante tanta insistencia, creo que tendré benevolencia.

PRÍNCIPE

Dijo que tendrá benevolencia. ¡Bravo! ¡Que venga la música, porque todos nos tenemos que poner a bailar!

Entra la música y el Príncipe se pone a bailar
de gusto, pero la Princesa le hace seña de que detenga
su baile y que se detenga la música.

PRINCESA

Momento, joven, momento. Todavía está por verse si usted es de mi conveniencia.

PRÍNCIPE *(Para sí.)*

Pues claro que lo soy.

PRINCESA

Y hay una cosa más.

PRÍNCIPE

¿Que más?

PRINCESA

Que mis padres den su anuencia.

PRÍNCIPE

¿Que den su qué?

PRINCESA

Anuencia.

PRÍNCIPE *(Aparte.)*

¿Qué sera eso de la anuencia? Ni modo de preguntarle a la Princesa. No quiero que ella sepa que hay palabras que yo no sé. Por eso mejor me quedaré con mi duda-dudencia, no vaya a ser que a la Princesa le entre la decepción-decepcionencia... *(Hacia ella.)* Princesa, si la cosa es así, pronto quiero hablar con sus excelencias... *(Aparte.)* A lo mejor ellos me regalan tantita anuencia, y pues entonces ya.

PRINCESA

Prudencia, joven, prudencia.

PRÍNCIPE

No conozco a ninguna Prudencia, ¿o así se llama su dama de compañía?

PRINCESA

No, joven, digo prudencia, que es paciencia. O sea: calma, cálmex, calmantes montes. En otras palabras: calmencia.

PRÍNCIPE

Muchas gracias, por la advertencia. Pero dígame usted, princesa, ¿acepta mi querencia?

PRINCESA
Mañana le digo. Por ahora discúlpeme, porque un estornudo está por salírseme sin decencia.

La Princesa estornuda de manera muy violenta.

PRÍNCIPE
¡Salud!

PRINCESA
Gracias.

PRÍNCIPE
De nadencia.

PRINCESA
Clara, Clarencia.

DAMA
Mande, usted, princencia.

PRINCESA
Vámonos.

La Princesa, junto con su dama de compañía, sale. El Príncipe se queda unos momentos muy contento en la plaza y luego se aleja bailando y cantando:

PRÍNCIPE
Ay, Serafín,
todo tiene su fin,
que sí, que no, que todo se acabó.
Que sí, que no, que todo se acabó.

Escena segunda

La Gente del Pueblo pasa por la plaza diciendo:

LA GENTE DEL PUEBLO
Hoy es lunes, lunes, lunes. Hoy es lunes, lunes, lunes. Hoy es lunes, lunes, lunes.

La Gente del Pueblo sale. El Príncipe ha entrado y queda solo en la plaza. Mira para todos lados, como esperando algo o a alguien. De pronto, Clara, la Dama de Compañía de la Princesa, entra y se acerca al Príncipe.

DAMA
Príncipe.

PRÍNCIPE
¿Es a mí?

DAMA
Sí.

PRÍNCIPE
¿Qué onda?

DAMA
Le traigo un recado de la Princesa.

PRÍNCIPE
¿Cuál es ese recado?

DAMA
La Princesa manda decir que... tal vez, sí.

PRÍNCIPE
¿Tal vez, sí?

DAMA
Así exactamente fue lo que ella dijo que dijera... Tal vez, sí.

PRÍNCIPE
Tal vez sí, tal vez sí. Está a un paso de decir que sí. Tal vez
sí, tal vez, sí. Casi es sí. Tal vez, sí.

*El Príncipe feliz, se ha alejado de la dama para celebrar
su triunfo. Ella, sintiéndose ignorada, se va.
Cuando el Príncipe voltea, ya no la encuentra.*

PRÍNCIPE
Oye, ¿y la Princesa no dijo para cuándo espera dar el sí...?
Bueno, pues mañana vendré otra vez a la plaza. Si hoy dijo
que tal vez sí, tal vez mañana me diga finalmente que sí.

El Príncipe se aleja cantando la canción.

PRÍNCIPE
Ay Serafín...

Escena tercera

*Nuevamente la Gente del Pueblo cruza
por la plaza, esta vez diciendo:*

La Gente del Pueblo
Hoy es martes, martes, martes, hoy es martes, martes, martes.
Hoy es martes, martes, martes.

La Gente del Pueblo sale. El Príncipe entra y camina hacia un lado y hacia el otro, esperando que alguien venga. Por fin, tras unos instantes, entra corriendo Clara, la Dama de Compañía de la Princesa.

Príncipe
Anda pronto, di qué manda decir mi princesa.

La Dama de Compañía hace un gesto de "dame tiempo". El príncipe con el gesto la apresura.

Dama (*Tomando aire*)
La Princesa... la Princesa manda decir... Manda decir que...
Que tal vez, no.
Príncipe
¿Que qué?
Dama
Que tal vez, no.
Príncipe
¿Entonces, no?
Dama
No, no confundas.
Príncipe
¿Qué, ya me hablas de tú?
Dama
Perdón, Príncipe, quise decir "no confunda".
Príncipe
¿No?
Dama
No. Ella no dijo que no. Ella dijo que tal vez, no. Y tal vez, no, no es igual a decir que no. No es no. Y tal vez, no, es tal vez, no.

Príncipe
Ah.

Dama
¿Entendió?

Príncipe
Creo que sí.

Dama
Entonces, nos vemos.

Príncipe
Sí, nos vemos.

La Dama se va. El Príncipe, triste, se queda en la plaza.
La Gente del Pueblo entra por distintos lados de la plaza,
empujando al Príncipe, como quitándolo del camino,
al tiempo que dicen:

La Gente del Pueblo
Hoy ya es miércoles... Hoy ya es jueves... Viernes... Sábado...
Y por fin, ¡domingo!

La Gente del Pueblo sale y el Príncipe reacciona.

Príncipe
¡Domingo! Es hora de darme mi buen baño, perfumarme
y volver a salir a dar vueltas a la plaza principal. Corro a
arreglarme.

El Príncipe sale.

Escena cuarta

Nuevamente la Gente del Pueblo sale a dar vueltas alrededor
del quiosco. La Princesa, con su dama de compañía, aparece
por un lado y el Príncipe aparece por el otro. Empiezan
a caminar según las reglas establecidas. La Gente del Pueblo
va saliendo y quedan otra vez los dos solos, para su encuentro.
El Príncipe se le acerca a la Princesa.
La Dama de Compañía se aleja.

PRÍNCIPE

Perdone mi insistencia, princesa, pero es que es muy grande mi querencia.

PRINCESA

Eso quisiera ver, pues yo no tengo urgencia.

PRÍNCIPE

Mi amor siempre tendrá vigencia y, por si mi nombre no sabe, soy Luis Placencia.

PRINCESA

Encantada, yo soy Inocencia. Y ahora, con su compermencia. Clara, vámonos.

La Princesa se aleja y el Príncipe se queda sin saber qué más decir. La Dama de Compañía se va con la Princesa, sólo que antes de salir le lanza al Príncipe un gesto de "adiós". El Príncipe, desconcertado, también le dice "adiós" con la mano, pero sin mucho entusiasmo. Se queda ahí en la plaza reflexionando.

PRÍNCIPE

¿Cómo demostrarle mi gran querencia? Tal vez será cosa de hacer un poco de adulancia o tal vez, de jactancia. Qué complicancia. Pero, bueno, ya me llegará una ocurrencia. *(Sale.)*

Escena quinta

El Príncipe entra con algo escondido tras de sí.

PRÍNCIPE

Si bien no soy de los que tienen opulencia, bien puedo decir que soy de los que tienen inteligencia.

El Príncipe lanza un chiflido y llama a alguien del otro lado de la plaza. La Dama de Compañía entra rápidamente y va hasta el Príncipe, quien le entrega un gran ramo de rosas.

PRÍNCIPE

Toma, dáselas a mi princesa. Dile que éstas son mis mejores rosas.

La Dama de Compañía toma el ramo y sale corriendo rápidamente. El Príncipe camina impaciente. La Dama de Compañía regresa corriendo.

DAMA
   Príncipe.

PRÍNCIPE
   ¿Qué dijo mi princesa?

DAMA
   Ella dice que usted es muy amable.

PRÍNCIPE
   Ay, qué bonito... ¿Y nada más? ¿No manda decir otra cosa? ¿No manda decir para cuándo espera darme el sí?

DAMA
   No, pues de eso, nada dijo.

PRÍNCIPE
   Bueno.

DAMA
   Nos vemos.

PRÍNCIPE
   Sí, nos vemos.

Cada uno sale por su lado.

Escena sexta

El Príncipe vuelve a entrar a la plaza y chifla. La Dama de Compañía aparece. El Príncipe le hace la seña de que vaya con él. La Dama lo hace. El Príncipe sale y regresa rápidamente jalando un carrito donde carga una caja misteriosa, cubierta con un trapo.

PRÍNCIPE
   Dále este regalo a mi Princesa.

DAMA
   ¿Y qué es?

PRÍNCIPE
   Mira...

El Príncipe quita el trapo y abre la caja misteriosa.
De ahí sale un Muñequito que cobra vida, cantando:

MUÑEQUITO
Ay, Serafín,
todo tiene su fin.
Que sí, que no, que todo se acabó.
Que sí, que no, que todo se acabó.

El Muñequito canta y baila, saca a bailar a la Dama de
Compañía y luego los tres ya están bailando, hasta que de
pronto el Príncipe da una palmada y el Muñequito regresa
para meterse en la caja. El Príncipe cubre la caja con el trapo
y entrega el carrito a la dama de compañía.

PRÍNCIPE
Toma, dáselo a mi Princesa.
DAMA
Claro que sí, Príncipe.

La Dama de Compañía se aleja con el carrito, al tiempo que
canta, imitando al Muñequito:

DAMA
Ay, Serafín,
todo tiene su fin...

Mientras la Dama sale cantando con el carrito, el Príncipe ha
tomado un papel y sus lápices de colores y empieza un dibujo.
Al momento en que lo termina, lo ve, lo admira, le gusta. Y
entonces vuelve a chiflar para que aparezca la Dama de
Compañía. Ella entra y va rápido hacia el Príncipe.

DAMA
¿Qué pasó, Príncipe?
PRÍNCIPE
Llévale este dibujo a la Princesa.
DAMA
¿Y esto qué es?

PRÍNCIPE

¿Cómo que qué es? Ésta es una plaza. Claro, lo que pasa es que tiene forma de corazón, porque eso quiere decir que hay amor. Y en la plaza, está el quiosco, la fuente y estamos la Princesa y yo.

DAMA

¿Y yo no aparezco por ningún lado?

PRÍNCIPE

Pues no.

DAMA

Pues ni modo.

PRÍNCIPE

Oye, ¿y le gustó a la Princesa mi regalo?

DAMA

Sí, ahí la dejé bailando.

PRÍNCIPE

Bueno, pues córrele con el dibujo, que ahorita voy a hacer otro.

La Dama de Compañía sale corriendo rápidamente con el dibujo, al tiempo que el Príncipe se dispone a hacer otro dibujo, pero de pronto tiene dudas. No sabe por dónde empezar. La Dama de Compañía regresa.

DAMA

Príncipe, la Princesa manda decir que gracias.

PRÍNCIPE

Ah, qué bien.

DAMA

¿Y el otro dibujo?

PRÍNCIPE

Ahorita lo estoy tratando de hacer.

DAMA

Pero no lleva nada.

PRÍNCIPE

Es que tengo un problema.

DAMA

¿Cuál?

PRÍNCIPE

Quiero hacer un retrato de la Princesa.

DAMA

¿Y cuál es el problema?

PRÍNCIPE

Es que como que no me acuerdo muy bien de su cara.

DAMA

Ay, pues yo que usted, cerraba los ojos y la pintaba con los ojos del corazón.

PRÍNCIPE

Tienes razón. Cerraré los ojos y que mi corazón y mis manos hablen por mí.

El Príncipe empieza a dibujar. La Dama de Compañía se asoma al dibujo y se asombra. El Príncipe termina.

PRÍNCIPE

Ya está el dibujo. Llévaselo a ella.

DAMA

Pero, Príncipe, ¿está usted seguro?

PRÍNCIPE

Completamente.

DAMA

¿De veras?

PRÍNCIPE

De veras.

DAMA

¿De veras? ¿De veras?

PRÍNCIPE

De veras, de veras, es un dibujo hecho con los ojos del corazón.

DAMA

Bueno, pues allá usted.

PRÍNCIPE

Sí, allá yo.

La Dama se va. El Príncipe se queda expectante.

PRÍNCIPE
  Yo creo que ahora sí ya me tiene que decir que sí.

El Príncipe se aleja imitando al Muñequito que canta, pero antes de salir, de pronto, entra corriendo la dama de compañía que lo llama.

DAMA
  Príncipe.
PRÍNICIPE
  Dama.
DAMA *(Recuperando el aire.)*
  Príncipe...
PRÍNCIPE
  Dama.
DAMA *(Sigue recuperándose.)*
  Príncipe...
PRÍNCIPE
  Bueno, ya, dime qué me manda decir mi princesa.
DAMA
  Le tengo una mala noticia.
PRÍNCIPE
  ¿Una mala noticia?
DAMA
  Sí.
PRÍNCIPE
  Pues ándale, dímela ya.
DAMS
  La Princesa tiró a la basura todos sus regalos.
PRINCIPE
  ¿Qué, qué?
DAMA
  Que la princesa tiró a la basura todos sus regalos.
PRÍNCIPE
  No puede ser.
DAMA
  Y también me mandó que le dijera que ahora sí es no.

PRÍNCIPE

¿No? Pero, ¿por qué no?

DAMA

Es que lo anduvieron investigando y ahora saben que no es usted un Príncipe como los de antes. Para seguir siendo Príncipe tiene que trabajar. No tiene grandes riquezas. Y la Princesa dice que quiere un Príncipe como los de antes. Así que, pues no.

PRÍNCIPE

No puede ser, no puede ser. Es que ser Príncipe en estos tiempos es bien difícil y hay que trabajar y... Caray, ¿por qué? ¿Por qué? No es justo.

El Príncipe se sienta a llorar en una banca.
La Dama de Compañía lo mira. Se quiere acercar
a él, pero cada vez que lo intenta el Príncipe aumenta
el volumen de su llanto. Finalmente, aprovechando
un momento de calma, la Dama se le acerca al Príncipe
y lo consuela.

DAMA

Príncipe...

PRÍNCIPE

¿Qué?

DAMA

Yo...

PRÍNCIPE

¿Tú? ¿tú, qué?

DAMA

Yo quisiera...

PRÍNCIPE

¿Qué quisieras?

DAMA

Aunque suene a imprudencia, tengo, tengo para usted, una confidencia.

PRÍNCIPE

¿Qué confidencia?

DAMA
Perdone usted mi impertinencia, pero yo lo quiero a usted para quererlo con toda mi querencia.

PRÍNCIPE *(Dejando de llorar y volteando a verla.)*
¿Pero de dónde te nace tal creencia?

DAMA
De la diaria presencia.

PRÍNCIPE
Pero la diaria presencia no basta. ¿Cómo sabes tú si tú puedes ser de mi querencia?

DAMA
Porque tengo una evidencia.

PRÍNCIPE
¿Cuál?

La Dama muestra el dibujo que el Príncipe hizo para la Princesa. El Príncipe se asombra.

DAMA
¿Se acuerda de este dibujo?

PRÍNCIPE
Claro.

DAMA
¿Se acuerda que lo dibujó con los ojos del corazón?

PRÍNCIPE
Claro que me acuerdo.

DAMA
Dígame ¿quién es la muchacha del dibujo?

PRÍNCIPE
La Princesa, por supuesto.

DAMA
No, Príncipe, mire bien.

PRÍNCIPE
A ver.

El Príncipe toma el dibujo de manos de la Dama, lo mira con detalle y se sorprende.

PRÍNCIPE

¡Ah!... ¡no!

DAMA

¡Sí!

PRÍNCIPE *(Más sorprendido todavía.)*

¿Eres tú?

DAMA *(Tímida.)*

Sí.

PRÍNCIPE

Pues sí, sí eres tú. Claro, Clara, eres tú.

DAMA

Sí, Príncipe, soy yo.

PRÍNCIPE

¿Y, entonces?

DAMA

Pues es lo que digo yo... ¿Entonces?

PRÍNCIPE

¿Entonces qué?

DAMA

¿Pues qué de qué?

PRÍNCIPE

Díme, Clara, ¿tú estarías dispuesta a querer a un Príncipe que tiene que trabajar para seguir siendo Príncipe?

DAMA

Para responderle, ¿podría hablarle de tú y no de usted?

PRÍNCIPE

Claro, Clara, como quieras tú.

DAMA

Pues bien, Príncipe, mire, digo, mira, yo pienso lo siguiente:

PRÍNCIPE

A ver.

DAMA

Yo trabajo, tú trabajas. Yo no esperaba tener un Príncipe, pero si tú quieres ser el mío, yo seré tu princesa. Digo, si tú quieres.

PRÍNCIPE

Claro que quiero. Y no sólo eso, también quiero que nos demos un beso, para darnos así la anuencia.

DAMA

Con tu anuencia y con mi anuencia, pondremos así fin a una tan larga ausencia.

Los dos se dan un beso. Entra música y la Gente del Pueblo que aplaude, como si fuera una boda. Todos gritan: "Vivan los novios". Salen en medio de una gran fiesta. La Viejita entra poco antes de que salgan todos y los mira salir. Luego camina hacia el centro de la plaza y se sienta en una de las bancas de la plaza principal.

LA VIEJITA

Y mientras ellos encontraron el amor, la Princesa con tanta exigencia, se quedó sin que nadie fuera su querencia. Y el resto de su existencia la pasa, solamente, cantando con insistencia:
Ay, serafín,
todo tiene su fin,
que sí, que no, que todo se acabó.
Que sí, que no, que todo se acabó.

La Viejita, triste, se queda llorando en silencio.
De pronto, entran todos cantando y bailando la canción
y se llevan a la Viejita en medio de su jolgorio,
el cual puede terminar incluyendo a todo el público
para que cante y baile con los actores.

Telón.

Oᴛʀᴏs ᴛʀᴇs ᴄᴏᴄʜɪɴɪᴛᴏs

Miguel Ángel Tenorio

Obra de teatro para niños,
para ser representada por niños

PERSONAJES

MAMÁ COCHINITA
COCHINITO GRANDE
COCHINITO CHICO
LOBO

La acción ocurre en el bosque.

Escena primera

Mamá Cochinita entra cargando un costal, se detiene y del costal saca una campana que hace sonar. A su llamado llegan, por distintos lados, el Cochinito Grande y el cochinito chico.

MAMÁ COCHINITA
Hijos míos, ha llegado el día en que los dos tienen que irse de la casa, a buscar su propio camino, su propio destino. No tengo otra cosa qué decirles más que desearles suerte, y ya nos veremos al final de alguna de sus jornadas.

El Lobo entra discretamente y para sus orejas para oir mejor.

COCHINITO GRANDE
Pues muy bien, mamá. Yo ya estoy listo para irme por el mundo, contruir mi casa y hacer mi vida. Yo lo que quiero es vivir una vida llena de aventuras.

MAMÁ COCHINITA
Entonces, hijo mío, aquí está tu herencia y buena suerte.
COCHINITO GRANDE
Sí, mamá, gracias.

*Mamá Cochinita saca del costal un cofre que entrega
al Cochinito Grande y luego los dos se dan
un abrazo muy cariñoso.*

LOBO *(Aparte.)*
Ay, qué despedidas tan tiernas. Ya hasta me están haciendo
llorar. (*Ríe burlón.*)
MAMÁ COCHINITA
Nada más, hijo, acuérdate: lo más importante es construir
muy firme tu casa.
COCHINITO GRANDE
Claro que sí, mamá. Adiós. ¡Adiós, hermano chico!
COCHINITO CHICO
Sí, hermano grande; adiós. Buena suerte.

*Los dos hermanos se dan un abrazo. El Cochinito Grande le da un
beso a Mamá Cochinita y luego sale. El Lobo cruza por el fondo y
sale detrás del Cochinito Grande.*

COCHINITO CHICO
Ay, mamá, yo no me quiero ir; tengo miedo.
MAMÁ COCHINITA
¿Por qué, mi hijito?
COCHINITO CHICO
Es que tengo miedo de todo eso que se dice del Lobo, que
nos come y que... *(Llora.)* Mamá, tengo miedo.

*El Cochinito Chico se abraza fuertemente a la Mamá Cochinita.
Ella, por su parte, lo acaricia tiernamente.*

MAMÁ COCHINITA
Lo sé, mi hijito, pero es la ley de la vida. Tú tienes que salir
de casa para hacer tu propia vida.

COCHINITO CHICO

¿Pero cómo le voy a hacer para defenderme del Lobo?

MAMÁ COCHINITA

Lo primero, hijo mío, será construir una casa muy fuerte, tan fuerte que el Lobo no la pueda tirar.

El Lobo va entrando en ese momento.

LOBO *(Aparte.)*

Ellos no saben que yo también me sé el cuento ese del que están hablando, y no saben tampoco que ya he perfeccionado mis métodos. No voy a cometer los mismos errores que el Lobo del cuento que todos conocen.

COCHINITO CHICO

¿Entonces no me puedo quedar contigo, mami?

MAMÁ COCHINITA

No, mi hijito, contra la ley de la vida no se puede nada. Te tienes que ir. Aquí está tu herencia, y buena suerte.

COCHINITO CHICO

Bueno, mami, si no hay de otra, pues ni modo. Al mal paso darle prisa... Adiós.

*Con mucha ternura mamá e hijo se abrazan. Mamá Cochinita
saca del costal otro cofre del mismo tamaño y se lo entrega
al cochinito chico. Se vuelven a abrazar, se dan un beso cariñoso
y luego ya el cochinito chico sale en dirección opuesta de donde
salió el grande. La Mamá Cochinita saca del costal un gran
pañuelo para secarse sus lágrimas y luego se va alejando
por el fondo. Sale. El Lobo los mira, saca su pañuelo también,
se seca las lágrimas.*

LOBO

Ay, estas despedidas tan tristes, siempre me parten el corazón. Pero no, yo tengo que ser fuerte y tengo que cumplir con mi misión ¿Para dónde voy? Ah, ya sé. Me disfrazaré de vendedor de ilusiones.

*Y, tomando vuelo, el Lobo sale corriendo
a toda velocidad.*

Escena segunda

*En otro lugar del bosque, aparece el Cochinito Grande
que viene contando una y otra vez su herencia.
Se detiene a tratar de decidir.*

COCHINITO GRANDE

¿Qué haré? ¿Qué haré con mi herencia? Quiero que me dure para hacer muchas cosas ¿Cómo le haré? Lo que no quiero es que se me acabe rápido.

El Lobo disfrazado de forma estrafalaria, entra y le habla.

LOBO

Hey, muchacho, ¿no quieres comprar una casa moderna que parece de ésas que son fuertes y costosas, pero que en realidad es muy barata?

COCHINITO GRANDE *(Para sí.)*

Eso me gusta. Casa barata, y sigo teniendo dinero para muchas cosas.

LOBO

Si te gusta, entonces dame rápido tu dinero que es la última casa que me queda.

COCHINITO GRANDE

Aquí está.

*El Cochinito Grande saca un poco de dinero
de su cofre. El Lobo lo toma.*

LOBO

Así está bien.

COCHINITO GRANDE

¿Tan barato?

LOBO

Sí, para que veas qué gangas de casas estoy ofreciendo.

COCHINITO GRANDE.

> No, pues sí.

LOBO *(Aparte.)*

> Lo que él no sabe es que ése no es mi negocio, ja, ja. Mi negocio está en que me lo voy a comer. Ja, ja... *(Al Cochinito Grande.)* Y bueno, muchacho, aquí tienes las llaves de tu casa, el mapa para que encuentres el camino, y yo por mi parte te digo... adiosito, que me voy a otro negocito.

El Cochinito Grande recibe las llaves, el mapa, quiere preguntar algo, pero el Lobo, antes de que vengan las preguntas, sale a toda velocidad. El Cochinito Grande sale en la dirección opuesta, tratando de seguir las instrucciones del mapa.

Escena tercera

El Cochinito Chico entra empujando su casa.
Prueba las cerraduras y las ventanas.

COCHINITO CHICO

> Caray, qué cara me salió la casa, pero creo que valió la pena. La casa está fuerte y cierra bien.

El Cochinito Chico se mete en su casa.
El Lobo acecha. El cochinito chico cierra la puerta.
El Lobo quiere entrar y se topa con la puerta y rebota.

LOBO

> ¡Chin! ¡Llegué tarde! ... Ah, pero ya sé...

El Lobo intenta soplar, pero a la casa no le pasa nada.

LOBO

> Ya sabía yo que ése no era el camino.

De pronto, el Lobo escucha al Cochinito
Grande que viene entrando.

COCHINITO GRANDE *(Furioso.)*
Esto es un fraude. ¡Casa barata, claro! ¡De papel! ¡Me engañaron! En lugar de ahorrar, ya perdí dinero. ¡Es un fraude!

De pronto, el Cochinito Grande se topa con el Lobo, frente a frente. Los dos se asustan y corren. Vuelven a entrar, pero ahora el Lobo, asumiendo su papel, se le acerca amenazador.

LOBO
Ahora sí, aquí te tengo.

COCHINITO GRANDE
¡Estoy perdido!

LOBO
Te voy a comer.

COCHINITO GRANDE
¿Qué puedo hacer?

LOBO
Acuérdate del cuento.

COCHINITO GRANDE
¿Cuál cuento?

LOBO
El de los tres cochinitos.

COCHINITO GRANDE
¿El de los tres cochinitos?

LOBO
Sí, acuérdate; tienes que correr a la casa de tu hermano.

COCHINITO GRANDE
¿A la casa de mi hermano? ¿Y dónde está?

LOBO
Aquí, mira. Ésta es.

COCHINITO GRANDE
¿Ésta?

LOBO
Sí.

COCHINITO GRANDE
Parece muy fuerte y sólida.

LOBO *(Aparte.)*

Claro, por eso quiero que tú toques, tu hermano te abra, entres y yo entre detrás de ti y me coma a los dos.

COCHINITO GRANDE

¿Qué dices?

LOBO

Que corras o te como.

COCHINITO GRANDE

No, pues corro.

> *Y el Cochinito Grande corre y toca la puerta de la casa de su hermano.*

COCHINITO CHICO *(Desde dentro.)*

¿Quién?

COCHINITO GRANDE

Soy tu hermano. Ábreme que el Lobo me persigue.

El Lobo se le acerca amenzador, pero nada más lo asusta.

COCHINITO CHICO

Voy, hermano.

COCHINITO GRANDE

Apúrate.

COCHINITO CHICO

Ahorita...

COCHINITO GRANDE

Ay, que me come.

COCHINITO CHICO

Ya voy.

COCHINITO GRANDE

¡Ay, mamacita!

COCHINITO CHICO *(Abriendo.)*

Entra, hermano.

El Cochinito Chico abre la puerta, el Cochinito Grande entra rápidamente. Los dos cochinitos le quieren cerrar la puerta, pero el Lobo empuja con tal fuerza, que logra entrar y él es el que cierra la puerta tras de sí. Luego se escuchan gruñidos, gritos de terror y al final un gran grito ahogado de dolor. Tras un silencio, la puerta se abre y aparece primero el Cochinito Chico, luego el Cochinito Grande y luego los dos jalan una cuerda, la cual nos deja ver después una red donde está prisionero el Lobo. Lo sacan de la casa y cierran la puerta.

COCHINITO GRANDE
Hermano, qué susto.

COCHINITO CHICO
Pues sí, qué susto.

COCHINITO GRANDE
Pensé que al entrar el Lobo, era el fin.

COCHINITO CHICO
Por fortuna, ya tenía lista mi trampa para lobos.

COCHINITO GRANDE
¿Cómo fue que se te ocurrió?

COCHINITO CHICO
Es que como tenía tanto miedo del Lobo, dije, no, pues tengo que hacer algo para defenderme, porque si no, nunca voy a poder dormir tranquilo. Y esta trampa fue lo que inventé.

Entra corriendo Mamá Cochinita.

MAMÁ COCHINITA
Hijos míos, hijos míos, ¿cómo están?

COCHINITO CHICO
Bien, mami.

MAMÁ COCHINITA
De pronto me dijeron que el Lobo los estaba atacando y salí corriendo para acá. Tuve mucho miedo. Pero, caray, qué gran alegría llegar y verlos sanos y salvos.

COCHINITO GRANDE
Todo salió bien, gracias al ingenio de mi hermano chico.

MAMÁ COCHINITA
Y bueno, pues ahora, llevemos al Lobo a la cárcel del pueblo.

Cochinito Grande

Vamos.

Cochinito Chico

Pero antes de irnos, yo te quiero decir una cosa, mami.

Mamá Cochinita

Dime, hijo.

Cochinito Chico

Yo no sé por qué, pero ahora ya no me siento chico, ahora ya me siento grande.

Mamá Cochinita

Es que ya eres grande, hijo. La vida nos hace crecer. Lo que ustedes acaban de vivir ahora con el Lobo, es una experiencia que los ha hecho crecer. Éste no es el único Lobo que hay en la vida. Encontrarán más, pero ya no tendrán miedo, porque ahora sabrán enfrentarse a cualquier lobo que los quiera atacar. Y sí, mi hijito, tú ya no eres chico, ahora ya eres grande. Pero para mí, siempre seguirás siendo mi hijito querido.

Cochinito Chico

Ay, mami, qué cosas tan bonitas dices. ¿Y sabes otra cosa, mami?

Mamá Cochinita

¿Qué, mi hijito?

Cochinito Chico

Que a pesar de que ya me siento grande, todavía te quiero mucho.

Mamá Cochinita

Yo también te quiero mucho, hijo. A los dos los quiero mucho.

Cochinito Grande

Y yo a ti también te quiero mucho, mami. La verdad es que yo ya me sentía el grande, el que todo lo sabía. Pero hoy me doy cuenta que hay muchas cosas que no sé.

Mamá Cochinita

Y al darte cuenta que hay cosas que no sabes, tú también has crecido. Ahora eres más grande todavía.

Cochinito Grande
Y a ti, hermano chico, que siempre te veía como el chico, déjame decirte que te quiero mucho. Me salvaste.

Cochinito Chico
Te salvé porque te quiero, hermano.

Lobo
Bueno, ya, ya, no hagan tanto drama, tanto teatro ni le hagan tanto cuento que me van a hacer llorar. Mejor, lo que sea, que suene: llévenme a la cárcel y punto.

Los tres cochinitos se ríen

Los tres cochinitos
Bueno, pues andando, a la cárcel con el Lobo.

Entre los tres lo empiezan a jalar, al tiempo que el Lobo va diciendo mientras sale:

Lobo
Yo creo que ya va siendo hora de que a los lobos nos pongan a hacer otra cosa en los cuentos. Todo lo que planeamos siempre nos falla.

Salen todos.

Telón.

EL REY Y EL INVENTOR

Miguel Ángel Tenorio

Obra de teatro para niños,
para ser representada por niños

Basada en un antiguo cuento árabe

PERSONAJES

COCINERA
REY
AYUDANTE
NARRADOR
INVENTOR

La acción ocurre en el interior del castillo.
El Rey duerme en su trono. Su ayudante duerme a sus pies.
La Cocinera trabaja en la cocina. De pronto,
la Cocinera lanza un enorme grito de terror que despierta
al Rey y a su ayudante. Tras el grito la Cocinera sale
rápido de la cocina para ir frente al Rey y decirle:

COCINERA
Señor Rey, señor Rey.

REY
¿Qué pasa, qué pasa?

COCINERA
Una tragedia

REY
¿Qué sucede?

COCINERA
No tenemos.

REY
¿Qué es lo que no tenemos?

COCINERA

Con qué pagar nuestra deuda.

REY

¿Que qué?

Entra el Narrador dando una palmada.

NARRADOR

Engarrótenseme ahí.

Rey, Ayudante y Cocinera se quedan en movimiento congelado. Sus posiciones deberán ser muy chistosas.

NARRADOR

El Rey de este país conoció un día a un señor que era Inventor. El señor Inventor había inventado por esos días un invento nuevo que el Rey quiso para sí. Por eso el Rey mandó llamar al Inventor y le dijo así...

El Narrador da otra palmada y ahora salen el Ayudante y la Cocinera y entra el Inventor. Una vez que se hayan acomodado en sus posiciones, la acción vuelve a quedar congelada. El Narrador revisa que todo esté en orden; asiente. Va a dar otra palmada, pero antes de que pueda hacerlo, entra rápidamente el Ayudante del Rey que se coloca a dormir a los pies del mismo. El Narrador, asiente una vez más y ahora sí da otra palmada y sale, al tiempo que el Rey y el Inventor descongelan su acción.

REY

¡Qué maravilloso invento ha inventado usted, amigo Inventor!

INVENTOR

Muchas gracias por sus palabras, señor Rey.

REY

Pero dígame, amigo Inventor, ¿cuánto quiere por su invento?

INVENTOR

Perdone, señor Rey, pero el invento no está en venta.

REY

Usted dígame lo que quiera tener y yo se lo daré, porque yo quiero tener ese invento de usted.

INVENTOR

Pues no... no sé, señor Rey.

REY

Piénsele, piénsele.

INVENTOR

En realidad, yo invento las cosas por el gusto de inventarlas. Con que yo tenga casa, comida y la posiblidad de seguir trabajando en lo que me gusta, yo con eso estoy bien.

REY

No sea modesto, amigo Inventor. Usted cóbreme por el invento que acaba de inventar, que yo le pagaré, bien pagado.

INVENTOR

Es que los inventos, señor Rey, tienen un valor incalculable.

REY

Mire, amigo Inventor, yo quiero darle algo grande, para que usted vea que realmente estoy agradecido. Y además, para que usted diga a los cuatro vientos y por todo el mundo, que este Rey, el Rey de este país, es muy agradecido con los Inventores como usted.

INVENTOR

Pero es que, señor Rey, mire...

REY

Nada, nada, amigo Inventor, se lo dejo más fácil. Dígame, ¿cuánto vale su trabajo?

INVENTOR

Insisto, señor Rey, si me lo pregunta así, tendré que decirle que mi trabajo vale mucho. Y que no hay dinero que alcance a pagar lo que mi trabajo verdaderamente vale.

REY

Yo creo que usted exagera, amigo Inventor.

INVENTOR

No exagero, señor Rey.

REY

Bueno, ya. ¿Por qué no me dice cuánto vale y ya veré si se lo podemos pagar o no?

INVENTOR

Es que, señor Rey...

REY

Dígamelo y punto.

INVENTOR

Es que...

REY

Mire que ya me estoy enfadando.

INVENTOR

Está bien, señor...

El Inventor está a punto de decir otra cosa, pero se arrepiente. Tras unos instantes, toma una decisión.

INVENTOR

¿Podríamos pedir que nos trajeran el tablero de ajedrez?

REY

Por supuesto que sí.

El Rey da unas palmadas. El Ayudante, con cara de pocos amigos, se levanta y voltea a mirar al Inventor, al cual le lanza improperios, pero en silencio. Sólo mueve la boca y su mirada es fulminante, sin embargo y todo, sale.

REY

¿Y para qué quiere el tablero de ajedrez?

INVENTOR

Para explicarle cuánto vale mi trabajo.

El Ayudante entra cargando con muchos trabajos el enorme tablero de ajedrez. Lo suelta en el piso.

INVENTOR (*Con pudor.*)

¿Podríamos pegarlo contra la pared?

El Ayudante gruñe y voltea a ver al Rey, quien de inmediato da dos
palmadas y lo urge, con señas, a que coloque el tablero contra la
pared. El Ayudante, gruñendo más, cumple.

INVENTOR
Ahora sí, señor Rey, si me permite, aquí está mi respuesta.

REY
A ver.

INVENTOR
Escuche y mire.

REY
Escucho y miro con mucha atención.

El Inventor se acerca al tablero
y escribe en la primera casilla.

INVENTOR
A cambio de mi trabajo yo pido dos granos de trigo por la
primera casilla.

REY
Ah, ya sé lo que pides. Dos granos por cada casilla. Son
sesenta y cuatro casillas. Entonces sesenta y cuatro por dos.
A ver, Ayudante...

AYUDANTE *(Haciendo las cuentas en su mano.)*
Dos por cuatro, ocho. Dos por seis, doce. Este... Doce y
ocho son... ¡ciento veintiocho!

REY
¿Eso es lo que vale tu trabajo, amigo Inventor? Ciento
veintiocho granos de trigo?

INVENTOR
No, señor Rey, discúlpeme, pero todavía no acabo de
explicar.

REY
Ah, bueno; entonces, adelante.

INVENTOR
Yo pido dos granos de trigo por la primera casilla *(Anota*
en el tablero.) El doble, por la segunda casilla; es decir, dos
por dos, cuatro. El doble por la tercera casilla; es decir,

cuatro por dos, ocho. Y así, que me vaya dando el doble por cada nueva casilla. Son sesenta y cuatro casillas.

REY

Ah, pues está fácil. Ayudante, haz la cuenta.

Nuevamente el Ayudante pone cara de pocos amigos y lanza improperios en silencio al Inventor, pero se pone a hacer la cuenta en el tablero. Borra, tacha, se equivoca y corrige. Mientras el Rey y el Inventor prosiguen su diálogo.

INVENTOR

Y pues ésa es mi respuesta, señor Rey. Eso es lo que puedo pedir a cambio del valor de mi trabajo. Si usted me da esto que pido, usted será el dueño total y absoluto de mi invento.

REY

Pues amigo Inventor, voy a dar ahorita mismo las órdenes para que mañana usted tenga todo ese trigo que quiere y así yo pueda ser el dueño total y absoluto de su invento.

INVENTOR

Pues entonces, señor Rey, con su permiso, me retiro.

REY

¿A dónde va, amigo Inventor?

INVENTOR

A mi casa, señor Rey. Lo que pasa es que ya tengo varios inventos que quiero terminar.

REY

Pues entonces, no se hable más. Usted, a su casa, a inventar. Mi Ayudante, en el tablero, a contar. La Cocinera, en la cocina, los granos a preparar. Y yo, como Rey, en mi trono, a reposar.

El Inventor hace una reverencia y sale ante la mirada de pocos amigos y los improperios silenciosos del Ayudante. El Rey se sienta en su trono y se echa a dormir. El Ayudante sigue haciendo las cuentas, pero se sigue equivocando. Entra el Narrador.

NARRADOR

Toda la noche se la pasó el Ayudante sacando las cuentas, pero cada vez eran más complicadas y no le alcanzaban los dedos para contar. Por eso fue que, ya en la madrugada, fue a ver a la Cocinera para pedirle que le ayudara a hacer las cuentas.

El Ayudante va hacia la cocina y casi trae a jalones
a la Cocinera. En escena muda los dos discuten.
El Ayudante la trae hasta frente al tablero, le explica.

COCINERA

Mira, ya sé cómo le vamos a hacer. Acércame el tablero a la cocina. Y así yo voy a ir poniendo los granos de trigo en cada casilla. Así es más fácil.

El Ayudante gruñe, pero obedece. Lleva el tablero hacia la
cocina. Lo coloca en el piso, al tiempo que la Cocinera va por
un costal de granos de trigo. Empieza a sacar y a acomodar en
las casillas. El Narrador observa atento.

COCINERA

A ver, dos granos por la primera casilla. Ya está. El doble por la segunda, dos por dos, igual a cuatro. Ya está. El doble por la tercera casilla, cuatro por dos, ocho. Ya está. Ay, si es re fácil.

El Ayudante algo le dice con señas. La Cocinera, al principio
no entiende.

COCINERA

¿Qué quieres qué...? Ah, ¿que yo cuente y mientras, tú te vas a dormir...? Bueno, ándale, al cabo que esto está muy fácil.

El Ayudante entonces se va a dormir a los pies del Rey.
La Cocinera sigue colocando los granos en las casillas.
El Narrador sigue observando atentamente. Se acerca
para ver mejor cómo coloca los granos.

COCINERA

¿En qué íbamos? Ah, sí, va la cuarta casilla. Entonces, ocho por dos, dieciséis. Ya está. El doble por la quinta casilla, dieciséis por dos, treinta y dos.

*La Cocinera sigue colocando los granos
en las casillas. El Narrador dice:*

NARRADOR

Y así se la pasó la Cocinera, desde la madrugada hasta el mediodía, cuando el Rey se despertó vio que todavía no acababa.

*El Narrador se aleja para ver al Rey que se despierta y al
Ayudante que, tras él, lo va arremedando.*

REY

¿Pero cómo es posible que no hayas acabado todavía? ¡Eres una inútil! Si no acabas pronto, te juro que te corro.

*El Rey, enojado, se va. El Ayudante sale tras él, no sin antes
hacerle gestos a la Cocinera.*

COCINERA

Yo no soy ninguna inútil, pero es que no están fáciles las cuentas. Y además, son muchos los granos de trigo. Parecía muy fácil. Pero, no. Por la sexta casilla fueron treinta y dos por dos.

NARRADOR

Sesenta y cuatro.

COCINERA

Por la séptima sesenta y cuatro por dos.

NARRADOR

Ciento veintiocho.

COCINERA

Por la octava, ciento veintiocho por dos...

El Narrador se traba a la hora de hacer las cuentas.

COCINERA

¿Ah, verdad?

NARRADOR

Dos por ocho dieciséis. Dos por dos, cuatro y una que llevaba, cinco. Dos por una, dos.

COCINERA

Y ahora todo junto.

NARRADOR

No, espérame. Va otra vez. Dos por ocho...

COCINERA

Y no sólo hay que hacer las cuentas, luego hay que ir sacando, uno por uno, los granos de trigo, ponerlos en la casilla. Lleva su tiempo.

NARRADOR

Ya está.

COCINERA

¿Qué está?

NARRADOR

Ciento vientiocho por dos.

COCINERA

¿Cuánto es?

NARRADOR

Doscientos cincuenta y seis.

COCINERA

Pues a ver, ahora ayúdame a poner los doscientos cincuenta y seis granos de trigo en la casilla número ocho.

Narrador y Cocinera colocan los granos de trigo.

COCINERA

Ay, ya se acabó este costal. Voy por el otro.

La Cocinera sale, al tiempo que el Narrador nos dice:

NARRADOR

Y así pasaron varias mañanas. La Cocinera tuvo que ir por todos los costales de trigo que había en el palacio y ni así podía terminar. El Rey estaba desesperado y la regañaba mucho.

Entra el Rey, seguido de su Ayudante y la Cocinera.

REY

¿Cómo es posible que no hayas terminado de hacer las cuentas, si esto es muy fácil? A ver, presta acá ese costal de trigo.

La Cocinera le da el costal.
El Rey se dispone a colocar el trigo.

REY

A ver, ¿en qué vamos?

COCINERA

Ya está la casilla nueve. Ahí fueron doscientos cincuenta y seis por dos, quinientos doce. También ya está la casilla diez. Ahí fueron quinientos doce por dos, un mil veinticuatro granos. Sigue la once.

REY

¿O sea que apenas vas en la once?

COCINERA

Pues sí, señor.

REY

¡Qué inútil! ¡Qué inútil! A ver, en la once tenemos que poner... ¿cuánto?

COCINERA

Un mil veinticuatro por dos.

REY

Pues dime cuánto es.

COCINERA

Dos por cuatro, ocho. Dos por dos. Cuatro. Dos por diez, veinte.

REY

¿Cuánto es? No me hagas las cuentas, nada más dime cuánto es.

COCINERA

Dos mil cuarenta y ocho.
Rey Bueno, a ver, Ayudante. Pon los dos mil cuarenta y ocho granos en la casilla once y ahí quédate, ayudándole a la Cocinera.

El Ayudante del Rey le hace una cara de pocos amigos a la Cocinera
y le lanza improperios en silencio; gruñe, pero hace su tarea.
El Rey se va a su trono. La Cocinera sale por otro costal.
El Ayudante sigue colocando granos de trigo.

Narrador
Y el trabajo siguió y siguió, por días y días. Y semanas y semanas.

Cocinera
En la casilla doce, son dos mil cuarenta y ocho por dos, cuatro mil noventa y seis.

El Ayudante le lanza más improperios a la Cocinera,
que sale por otro costal.

Narrador
Y el trabajo siguió meses y meses.

Cocinera
En la casilla trece son cuatro mil noventa y seis por dos, ocho mil ciento noventa y dos.

Al oír la cantidad, el Ayudante del Rey lanza un gesto
despectivo hacia la Cocinera y se va a dormir a los pies
del Rey. La Cocinera hace un gesto de desconsuelo.
El Narrador le hace una seña de que él le ayuda
y se acerca al tiempo que dice:

Narrador
El trabajo siguió por años y años.

Cocinera
En la casilla catorce, ocho mil ciento noventa y dos por dos, dieciséis mil trescientos ochenta y cuatro granos.

La Cocinera sale por otro costal y luego regresa, todo esto
mientras el Narrador dice:

Narrador
La Cocinera se preguntó si algún día terminarían este trabajo.

Cocinera
En la casilla quince dieciséis mil trescientos ochenta y cuatro por dos, treinta y dos mil setecientos sesenta y ocho granos.

Narrador
La Cocinera ya no se preguntó si algún día terminarían este trabajo, ahora se preguntó...

COCINERA
   ¿Habrá trigo suficiente para pagar esta deuda?

NARRADOR
   Rápidamente hizo cuentas...

COCINERA
   En la casilla dieciséis, sesenta y cinco mil quinientos treinta y seis. En la diecisiete, ciento treinta y un mil setenta y dos granos. En la dieciocho, doscientos sesenta y dos mil ciento cuarenta y cuatro granos. En la diecinueve, quinientos veinticuatro mil doscientos ochenta y ocho...

NARRADOR
   Y todavía faltaban sesenta y cuatro menos... diecinueve...

COCINERA
   ¡Cuarenta y cinco casillas más!

NARRADOR
   Y entonces...

La Cocinera lanza un gran grito de terror que despierta al Rey y a su Ayudante. El Narrador sale y volvemos a la escena inicial.

COCINERA
   Señor Rey, señor Rey.

REY
   ¿Qué pasa? ¿Qué pasa?

COCINERA
   Una tragedia.

REY
   ¿Qué sucede?

COCINERA
   No nos alcanza.

REY
   ¿Qué no nos alcanza?

COCINERA
   No nos alcanza para pagar la deuda.

REY
   ¿Cómo es posible? No lo puedo creer.

COCINERA

Es que los granos de trigo que necesitamos para pagarle al inventor son...

REY

¿Cuántos son? Dime...

COCINERA

Los tengo anotados aquí en este papel, pero no sé leer esta cantidad.

REY

A ver, presta acá el papel. Cómo eres inútil.

El Rey toma el papel y mira la cantidad. No entiende.

REY

¿Qué son todos estos números?

COCINERA

Pues la cantidad de granos, señor Rey.

REY

¿Y esto cómo se lee?

COCINERA

Pues eso es lo que no sé.

REY

A ver, Ayudante, escríbela en el tablero.

El Ayudante toma el papel, se espanta ante lo que tiene que escribir. Le lanza gestos e improperios en silencio a la Cocinera y luego escribe la cantidad:

REY

¿Y esto cómo se lee?

INVENTOR *(Entrando.)*

Son dieciocho trillones, cuatrocientos cuarenta y seis mil setecientos cuarenta y seis billones, quinientos mil millones de granos de trigo, señor Rey.

El Rey se queda sin habla de la sorpresa.

INVENTOR

Se necesitarían cuarenta y cinco mil años para cultivar todo ese trigo, Señor.

> *El Rey siente que le va a dar*
> *un ataque al corazón. Se dobla.*

INVENTOR

Y si nos ponemos a contar esos granos de trigo, uno por uno, ¿sabe cuánto tiempo nos llevaríamos?

REY

¿Cuánto?

INVENTOR

Ciento diecisiete mil millones de años.

REY

¿Ciento diecisiete mil...?

> *El Rey cae como tabla de la impresión. La Cocinera y el Ayudante le echan aire y ayudan al Rey a reponerse.*

INVENTOR

Perdóneme usted, señor Rey, que le haya dicho las cosas así de golpe, pero es la verdad.

REY

Pero es que no entiendo. Usted pidió dos granos de trigo por la primera casilla. El doble por la segunda. El doble del doble por la tercera. El doble del doble del doble por la cuarta. Nunca me pareció que fuera tanto.

INVENTOR

Es que así son las matemáticas, señor Rey. Son mágicas.

REY

Pues sí, son mágicas.

INVENTOR

De todas maneras, señor Rey, aunque no me haya podido pagar, yo quiero que usted se quede con mi invento.

REY

¿De veras?

INVENTOR

Sí, señor. Se lo doy con mucho gusto.

REY

Bueno; pero, por favor, permítame darle algo a cambio.

INVENTOR

No es necesario, señor. Es un regalo.

REY

Bueno, entonces, permítame regalarle algo. ¿Qué le gustaría que le regalara?

INVENTOR

Que me hiciera una promesa.

REY

¿Cuál?

INVENTOR

Que usted gobernará como buen Rey.

REY

Bueno, pues trato de serlo.

INVENTOR

Para mí un buen Rey es aquél que logra que los habitantes de su pueblo tengan trabajo, comida y puedan ser felices.

REY

Amigo Inventor, gracias por su invento. Y yo me comprometo a ser un buen rey para que los habitantes de mi reino tengan siempre trabajo, comida y puedan ser felices.

El Inventor y el Rey se dan un abrazo, también con la Cocinera e incluso con el Ayudante. Todo esto al tiempo que entra el Narrador.

NARRADOR

Y así termina esta historia del Rey y el Inventor. Si el Rey cumplió o no cumplió con lo que prometió, eso ya será tema de otra historia. Por lo pronto, muchas gracias y hasta la próxima.

El Narrador hace una caravana. Los personajes también lo hacen.

Telón.

EL NIÑO DEL AMARANTO

Gabriela Ynclán

Obra infantil
para ser interpretada por niños

Gabriela Ynclán

Mexicana del D.F. Pertenece a una familia de actores. Inicia su
producción literaria con cuentos. Su primera obra dramática,
Nomás que salgamos, fue escrita en 1985 para conmemorar los veinte
años del 68. Dirigida por Willebaldo López y actuada por un grupo
de jóvenes actores de la UAM Xochimilco, tuvo una temporada
en diferentes foros universitarios, y otra, en la Carpa Geodésica.
Gabriela es egresada de la Normal Superior en la carrera
de Lengua y Literatura Españolas. Cuenta con un diplomado
de la escuela de escritores de la SOGEM, y estudió
dramaturgia en el taller del maestro Hugo Argüelles.
Su obra *Cuarteto con disfraz y serpentina*, ganadora
del Premio SOGEM en 1992, fue presentada
en el Centro Cultural Universitario bajo
la dirección de José Solé.

Personajes

Elia, niña de diez años
Dalia, niña de doce años
Luis, niño de doce años
Vendedor, niño de doce años
Señora Melancolía, ninguna edad
Señora Conciliadora, ninguna edad
Señora Regañonza, ninguna edad

La acción sucede en cualquier lugar, campo o ciudad: la escenografía puede crearse de acuerdo con el lugar que se escoja. Cualquier época: el tiempo cambia de acuerdo con los estados de ánimo de los personajes.

Al iniciar la acción es casi de noche. Se escuchan truenos y se ven relámpagos, como si fuera a llover. De entre las sombras se distinguen tres mujeres que llevan un chal muy grande o una manta negra que les cubre la cabeza y el vestido; éste puede ser blanco o de cualquier color claro, igual en las tres. Las mujeres parecieran viejas cuando se levantan, como si estuvieran cansadas.

Conciliadora *(Con la voz apagada. A la mujer 2.)*
    ¿Te quedaste dormida?

MELANCOLÍA *(Triste.)*

Sí, estuve cosechando tristezas.

REGAÑONZA *(Molesta.)*

¡Ya te dije: debes evitarlo!

MELANCOLÍA

No puedo, no es cosa de evitarlo: de pronto me siento mal y empiezo a regar los campos con mis lágrimas, y brotan las tristezas, las tristezas, así como plantas.

REGAÑONZA *(Enojada.)*

Pues no vuelvas a dormir. Tú sabes; despierta, lo puedes dominar; piensa en otras cosas, y ya. No pasa nada, ¿o crees que nosotras no tenemos sueño? ¡Claro que sí, pero no dormimos por no soñar desgracias! ¿Me entendiste? Yo me encargaré de que nadie se duerma. Velaré de día y de noche. Tenemos que proteger a los niños, ¿me entendiste?

CONCILIADORA

¡No la regañes! ¡Nuestro coraje y rabia también pueden convertise en cosas malas para la gente de este pueblo. No queremos perjudicar a nadie, ¿verdad? ¡Entonces no peleemos! Ya se tiene bastante con lo que sucede afuera. *(Mira hacia el cielo.)* Nubes grises y viento que grita. La noche quiere llevarse la tranquilidad de todos. El Sur anuncia peligro. Los hombres no pueden seguir soportando la estrella de la injustica. *(Pausa. Triste.)* Y nosotras, cosechando tristezas, sin poder hacer nada, sin encontrar un color nuevo.

REGAÑONZA

¡Me molestan tus lamentos! El color del nuevo tiempo tiene que nacer de los niños, de los jóvenes. Nosotras no podríamos encontrarlo sin ellos. ¿Por qué no los llamamos, les decimos nuestros temores, los preparamos para el huracán-que está próximo a inundar su mundo, y pensamos con ellos qué se puede hacer?

CONCILIADORA

Temo que no pueda haber palabra que conjure el mal. Los hombres han olvidado mucho tiempo sus deberes. Cada uno se ocupa sólo de lo suyo, y el mundo rueda sin saber hacia dónde; conducido sólo por los que han acumulado locura y poder desmedido. *(Mira de nuevo el cielo.)* ¡Mira, Regañonza! El viento y la lluvia se lo llevarán todo. ¡Nada, nada detendrá el huracán!

MELANCOLÍA

No digas eso, Conciliadora. Ahora eres tú la que llama al mal, la que lo alienta y lo predice. *(Suplicante.)* Hagamos algo. Por lo menos se debe intentar: arrullemos los vientos con un canto, detengamos la lluvia con nuestro aliento. Limpiemos la negrura de las nubes y arrebatémosle a la noche la tranquilidad.

REGAÑONZA

¿Un canto? *(Pausa.)* Sí, una buena nube ha cruzado por tu cabeza, Melancolía. ¡Un canto rimado y hermoso! ¡Eso es! Un canto que llegue al corazón, al cerebro y al sol de los niños, de los grandes. Un canto que encuentre ese color al nuevo tiempo. ¡Vamos! ¡Sí! Un canto. ¡Ya cantemos, de prisa! ¡De prisa! *(Las tres se miran entre sí. Ninguna habla.)* ¿Qué pasa? ¿No están de acuerdo?

MELANCOLÍA

Sí, eso fue lo que yo dije, pero, pero no puedo cantar; tengo sueño, no puedo, no sé qué me pasa. Tengo sueño.

REGAÑONZA

¡Qué sueño, ni qué alas de libélula morada! ¡Ningún sueño! ¡No lo vamos a permitir! ¡No más desgracias, no! A ver, Conciliadora, ayúdame. ¡No podemos dejar que Melancolía haga de las suyas!

CONCILIADORA

¡Debemos evitarlo! ¡No más desgracias! ¡No!

Melancolía está a punto de tirarse al suelo para dormir. Las otras dos la tratan de levantar. Ella cierra los ojos. Se ven rayos y se escuchan truenos.

MELANCOLÍA *(Casi dormida.)*

Mis ojitos, no los puedo abrir.

CONCILIADORA

A ver, yo te ayudo. *(Con sus manos trata de abrirlos, sin lograrlo.)* No, no puedo.

REGAÑONZA *(Enojadísima.)*

Despierta, tonta. Tontota. ¡Por los truenos y los vientos! Despierta. *(La sacude como si fuera una muñeca de trapo.)* ¡Estás llamando la tormenta con tus malditos sueños! *(A Conciliadora.)* ¡Ayúdame! *(Entre las dos la toman de las manos y la jalan. Cantan.)*

CONCILIADORA

Mambrú se fue a la guerra. *(Espantada ante su canto, se tapa la boca.)*

REGAÑONZA˙

¡Sólo a ti se te ocurre mencionar la guerra! ¿Qué pretendes? Cantemos algo, algo con sonido de mar, de río, algo que la despierte. *(Se siguen escuchando los truenos y se ha oscurecido. Ellas miran angustiadas el cielo y extienden las manos para ver si hay lluvia.)* ¿Te sabes ésa de la comadre Juana, Conciliadora?

CONCILIADORA

¿Cuál? ¿Qué dices? No entiendo.

REGAÑONZA

Una canción que un día cantaban los niños.

CONCILIADORA

Pero esa canción no tiene qué ver ni con el mar, ni el río, ni... *(Observa que Regañonza se molesta.)* Está bien, sí la recuerdo.

Cantan y bailan, sin dejar de mover a Melancolía,
que va despertando al ritmo de la música, hasta que se incorpora
al baile y al canto.

REGAÑONZA

Mi comadre Juana andaba en un baile
que lo baile, que lo baile...

CONCILIADORA

Y si no lo baila, le doy castigo de agua.

REGAÑONZA Y CONCILIADORA *(Avientan a Melancolía, que abre los ojos antes de caerse, e inicia el canto medio dormida.)*
Que salga usted,
que la quiero ver bailar
saltando y bailando.
Las patas, al aire.

REGAÑONZA Y CONCILIADORA
Por lo bien que lo baila la moza
déjela sola.

La sueltan y dan de palmadas.

MELANCOLÍA
Sola en un baile.

REGAÑONZA Y CONCILIADORA
Que la quiero ver bailar.

Por fin Melancolía abre los ojos. Las tres repiten toda la canción cantando y bailando.

CONCILIADORA *(Mirando al cielo.)*
Parece que alejamos las nubes, y el viento.

MELANCOLÍA
Y la lluvia.

REGAÑONZA
Y los terribles sueños de ésta. *(Pausa.)* ¿Ya vieron? ¡Ahí vienen los niños!

CONCILIADORA *(Viendo a lo lejos.)*
Y están extraños; tienen un... un como resplandor rojo.

REGAÑONZA
No se te ocurra decirles que te dormiste. ¿Entiendes? No se los digas.

MELANCOLÍA
No importa si lo digo: seguirito están tristes. *(Suspira.)* ¿Y cómo no, si desde que llegamos no hacemos otra cosa que cosechar tristezas? No hemos podido darles ánimo, ni hacer que se sientan mejor, que olviden los males de este pueblo.

REGAÑONZA
¡Cómo no! ¡Hace rato alejamos los malos sueños con nuestro canto!

MELANCOLÍA
Pero eso no quiere decir que los males se vayan para siempre. En algún momento regresará la tristeza y nosotras sólo llovemos lágrimas.

CONCILIADORA
Es verdad. No pueden olvidar que sus padres tendrán que trabajar muchísimo más este año. ¡Que todo se nos vuelve inalcanzable, lejano! ¡Que el sol no alumbra, sino quema!

REGAÑONZA
¡Ya basta! ¡Basta, mujeres! Dije que hay que pensar en otra cosa, o seguiremos cosechando tristezas.

Entran Elia, Dalia y Luis corriendo. Vienen muy contentos. Inmediatamente que aparecen, la escena se ilumina como si hubiera salido el sol. Se escucha ruido de agua, pájaros y viento. Las tres mujeres se mueven como si el viento las arrastrara. Sus chales caen, su expresión corporal cambia dando la apariencia de que fueran jóvenes. Los niños vienen vestidos de rojo carmesí.

ELIA *(Riendo, mientras muestra un dulce de amaranto.)*
¡Qué caras! ¿Les pasa algo?

LAS MUJERES
¡No!, nada, nada, nada, nada.

ELIA
Está bien, no les pasa nada. *(Las mira con extrañeza.)*

LUIS
Traemos algo bueno. ¿No sienten un perfume diferente?

ELIA
Algo que huele bien.

CONCILIADORA
Ha de ser alguna comida.

Regañonza

¿Cómo que una comida? No digas tonterías.

Melancolía

¡Sí! Yo sí lo percibo; huele a fresco, huele a una fragancia distinta no aspirada hace mucho. Una fragancia que hace sentir... esto... ¿cómo se llama?

Dalia

¿Conocen las alegrías*?

Regañonza

¿Las qué?

Conciliadora

Sí, alguna vez también las sembramos.

Melancolía

Pues ya no me acuerdo. ¿Cómo son? ¿Tienen alguna?

Dalia

Acaba de llegar a este lugar un niño que las vende... ¿Las quieren probar?

Luis

Están deliciosas. Llevan miel, miel, que da un rico sabor, dulce miel como el amor. *(Mira a Elia.)*

Elia *(Apenada.)*

¿Tú qué sabes del amor? Ni lo conoces. ¿Cómo puedes saber su sabor? *(A las mujeres.)* ¿Ustedes conocen el amor?

Conciliadora

Bueno, el amor... *(Pausa.)* Déjame acordar... ¡Ah, claro! Tras eso andamos, tal vez ése es el color que nos falta.

Luis

Yo sí conozco el amor. Dalia, que es mi hermana, sabe cómo la quiero, y quiero a mis padres, y quiero a los animales, y a las plantas, y a mis amigos, y... *(Mira a Elia.)* Y quiero a Elia.

Elia *(Apenada.)*

Todos conocemos el amor, pero hoy, al probar las alegrías, parece que nos sentimos mejor, más... más... amorosos ¿No es eso Luis?

* **Nota**: Alegría, nombre de un dulce mexicano hecho con semillas de amaranto.

LUIS

Sí, ya hasta me quiero casar.

REGAÑONZA

¡No! Entonces esas alegrías enloquecen a los niños.

MELANCOLÍA

Los jovencitos no se pueden casar. Primero tienen muchas otras cosas que hacer.

DALIA

Muchas cosas, como comer alegrías. *(Pausa.)* Bueno, pero a mí lo que me parece maravilloso es...

VENDEDOR *(Entra con una gran sonrisa.)*

Que puedo darles las semillas, para que siembren sus semillas, y la receta para que ustedes hagan sus alegrías.

ELIA *(A las mujeres.)*

¿No les parece buenísimo? ¡Pruébenlas!

VENDEDOR

Son nutritivas. Sirven para los niños que no han comido: un gran alimento, porque desechan las tristezas.

REGAÑONZA

¡No te creo! Eso no puede ser. No puede ser.

MELANCÓLICA

¿Quién puede saber mejor que nosotras que las tristezas tienen raíces grandes bajo esta tierra? ¿Quién puede saberlo mejor, si hemos tratado de desterrarlas, de desenraizarlas y no lo hemos logrado? Siempre nacen; a veces, demasiado pronto.

CONCILIADORA

A veces por cualquier cosa, o por todas las cosas. A veces, sin regarlas con nuestras lágrimas.

ELIA *(Al Vendedor.)*

¿No te decía yo? Con estas mujeres no se puede.

LUIS

No saben pensar más que en lo malo.

DALIA

No saben pensar más que en lo triste.

VENDEDOR

¿Qué vamos a ganar con la tristeza? A ver, mujeres. Vean

al cielo, ¿No se está despejando? *(Todos miran hacia la lejanía.)* ¿Verdad que sí? ¿No era esto lo que querían para los niños? Pues ellos ya están convencidos que hay que sembrar alegría, trabajar el dulce, cuidar la miel, cuidar la miel, trabajar el dulce. El trabajo, cuando produce cosas, también da alegrías. *(Pausa.)*

Las mujeres se acercan, toman una alegría y la observan.
Comentan cosas entre ellas.

VENDEDOR *(Gritando.)*

¡Semilla de amaranto! La flor roja, la que no se marchita nunca por más cosas terribles que sucedan. ¡Amaraaanto! La que no se marchita. ¡Amaraaanto! ¡Ya no me quedan muchas, pero aquí están! ¡Ahí las comparten! ¡Aunque sea en pedacitos! ¡Alegrías! ¡Alegrías de amaranto! *(Va repartiendo por el público. Las mujeres las muerden y comienzan a reir.)* ¡Pedazos de alegrías! ¡De amaranto y de miel! ¡Alegrías!

El Vendedor se va por el público, repartiendo alegrías,
mientras sigue gritando al alejarse, su voz se escucha cada vez
más lejana, mientras la risa de los niños y las mujeres sube,
junto con el ruido del agua y los pájaros.

Telón.

SE PERDIÓ EL NÚMERO CUATRO

Juan Jiménez Izquierdo

Para actores y títeres

Juan Jiménez Izquierdo

Nació en México, D.F., en 1949. Estudió la carrera de Dirección en la Escuela de Arte Teatral del INBA, donde también tomó un curso especial de Teatro Guiñol. Ha publicado sus obras en numerosas revistas y suplementos culturales, así como en ediciones de la SEP y del IMSS. Una de sus obras más conocidas es *¡Negocios! ¡Negocios!* estrenada en el teatro Orientación.

Personajes

Lety
Pepe
Relojero
Don Añejo
Capitán
Diez números
Dragón, títere
Rana Uno, títere
Rana Dos, títere

En el escenario se encuentra un teatrino
de dos niveles, sin telón. Entra Lety.

Lety

Es muy temprano... y todavía no han llegado mis amigos.
Mientras, voy a sacar los números que la maestra me dejó
de tarea.

Saca unos números y los pone ante el público.
Los va acomodando del uno al diez. Cuando termina
ve que le falta el número cuatro.

Lety

¡Ya están todos...! Uno, dos tres, cinco, seis, siete, ocho,
nueve, diez... ¿Cuál me falta...? ¡El cuatro! *(Lo busca.)* No

está... Estoy segura de haberlo echado en mi mochila... ¿Se me habrá caído...? ¿Pero dónde...? Voy a tener que buscarlo. ¿Por dónde me iré...? Ya sé. *(Recoge sus números.)* Voy a buscarlo. Ya me acordé dónde lo dejé. *(Sale.)*

PEPE *(Entra con el número cuatro.)*

¿De quién será este número...? Me lo encontré tirado. ¿Para qué me servirá? ¡Ya sé! Lo voy a vender, y ya sé quien me lo puede comprar.

Sale y en el teatrino entra el Relojero, colocando varios relojes.

RELOJERO *(Cantando.)*
¡Adivina, adivinador!
Vino a casa un gran señor.
¡Tic-tac! ¡tic-toc!
Cuando llama toca el timbre
y es chiquito y barrigón.
¡Tic-tac! ¡tic-toc!
tiene dos cuchillos negros
y patitas de gorrión.
¡Tic-tac! ¡tic-toc!
En la espalda tiene llaves
y ganzúas de ladrón.
¡Tic-tac! ¡tic-toc!

Cuando termina de cantar, saca unos números grandes y forma un reloj ante el público.

A la una
sale la luna.
A las dos
me da la tos.
A las tres
cojito es.
A las cuatro
doy un salto.
A las cinco
doy un brinco.

A las seis
no me ves.
A la siete
voy a verte.
A las ocho
me desabrocho.
A las nueve
tomo nieve.
A las diez
el baile es.
A las once
saco el once.
A las doce
todos cosen.

RELOJERO
Ahora sólo faltan las manecillas.

PEPE *(Entrando.)*
Hola, señor Relojero. ¿Cómo está?

RELOJERO
Muy bien, amigo; aquí, trabajando. ¿Se te ofrece algo?

PEPE
Sí. Vengo a venderle un número cuatro.

RELOJERO *(Lo ve.)*
No lo necesito.

PEPE
Le puede servir para alguno de sus relojes; se lo vendo barato.

RELOJERO
Mis relojes ya tienen, cada uno, su cuatro.

PEPE
Éste se vería muy bien con dos cuatros.

RELOJERO
No lo necesita; mi reloj sólo tiene un número cuatro. Decimos las cuatro de la mañana, las cuatro de la tarde. Otro cuatro, no se lo puedo poner; mi reloj está completo. También, todos los demás relojes. ¿Por qué no vas a vendérselo a otra persona?

PEPE

¿Pero a quién?

RELOJERO

No sabría decirte quién te lo puede comprar.

PEPE

Bueno, gracias. Voy a seguir buscando. (*Sale.*)

RELOJERO

Adiós. Espero que lo vendas pronto. Ya es hora de desayunar, yo también me voy. (*Sale y se lleva todos los relojes.*)

LETY (*Entrando.*)

No lo he encontrado. Ya lo busqué por todos lados. ¿Dónde lo dejaría? (*Sale.*)

DON AÑEJO (*Entra con un calendario gigante, con el mes en que se presenta la función y con el día que es.*) Qué bonito día amaneció. Me pondré a trabajar. Lo primero es poner los días de la semana. Primero el lunes, luego el martes, le sigue el miércoles, jueves, para continuar con el viernes y seguir al sábado; y termino con el domingo. Qué bien me quedaron. Ahora le coloco los números.

Se los pone y cuando lo está haciendo, se asoma Lety.

LETY

¡Cuántos números! Y tiene muchos cuatros. Le voy a pedir uno. No creo que me lo dé... ¡Ya sé lo que voy a hacer! (*Se esconde detrás del teatrino y lo llama, enseñándole un número.*) Oye, oye, te falta éste.

DON AÑEJO

Eh... un número.

Trata de agarrarlo, pero se cambia el número rápido de lugar, y no lo puede alcanzar. Se desespera y sale a buscarlo. Entra Lety y por la prisa quita el cinco y sale. Regresa Don Añejo.

DON AÑEJO

Qué raro. ¿Quién sería? Me falta un número en mi calendario... ¡Se lo han robado...! Mi calendario no se puede quedar así; tendré que hacer algo. ¿Dónde podré conseguir otro número? Este calendario ya está vendido y no han de tardar en venir por él. ¿Qué voy a hacer, para conseguir otro? Tan bonito que se veía. Tendré que fabricar uno nuevo, pero pronto. *(Sale.)*

LETY *(Regresando.)*

Qué tonta, no me di cuenta y me traje un número que no era.

Deja el número cinco y agarra el cuatro. Oye ruidos y se esconde detrás del calendario. Entra Don Añejo.

DON AÑEJO

Qué suerte: en mi bodega tengo muchos números cinco todavía. Ahora falta el cuatro, y el cinco está en su lugar. Aquí está pasando algo raro. *(Se esconde a un lado del teatrino.)*

LETY *(Sale de su escondite.)*

Ya se fue. Es de otro color y un poco más chico, pero de todos modos me va a servir.

DON AÑEJO *(Sale de su escondite y la agarra.)*

¡Ya te tengo, ladrona!

LETY

¡Ay, qué pasa!

DON AÑEJO

Lo que está pasando es que te quieres robar mis números.

LETY

Este... sólo los estaba viendo... Aquí tiene su número.

DON AÑEJO

Ahora me vas a salir con ese cuento y esperas que te lo crea.

LETY

De veras sólo los estaba viendo.

DON AÑEJO

No insistas, que no te voy a creer. De mí, nadie se burla.

LETY

Déjeme ir, ya le regresé su número; no se lo maltraté.

DON AÑEJO

Te voy a dejar ir, pero hasta que termines este calendario.

LETY

¿Ese calendario?

DON AÑEJO

Sí... Te encargarás de ponerle todos los números a los meses. Y cuando termines te dejo ir. *(La amarra al teatrino.)* Voy a traerlos.

LETY

Son doce meses. Voy a terminar muy tarde. En qué lío me metí.

DON AÑEJO *(Trae una caja.)*

Aquí están.

LETY

Si no me desata no lo voy a poder hacer.

DON AÑEJO

A ver... *(La desata.)* Ya está.

LETY

¡Ya estoy libre! *(Se va corriendo.)*

DON AÑEJO

¡Hey, espera...! Deja que te agarre y verás lo que te va a pasar. Espera, no te vayas. No la pude alcanzar, pero si vuelve a pasar por aquí, me las pagará. *(Recoge sus cosas y sale.)*

LETY *(Entra.)*

Ya no me pudo alcanzar. De la que me salvé. *(Se escuchan tambores y entra un militar marchando.)* Alguien viene. Parece un desfile. Es el Capitán Suma. Le voy a preguntar si le sobra un número cuatro. ¡Hola, Capitán! Qué bueno que lo veo. ¿Entre todo su ejército no le sobra algún número cuatro?

CAPITÁN

Un número cuatro... No creo. Deja pasar lista y si sobra alguno te lo puedo prestar... ¡Atención, números! ¡Formación de suma! ¡Ya! *(Todos los números son títeres con uniforme de soldado.)* ¡Uno! *(Sale un soldado.)* ¡Uno más uno: dos! *(Salen dos números uno y el signo de más y el de igual; al sumarse, sale el número dos. Así van saliendo, hasta llegar a diez soldados.)* No me sobra ninguno. Lamento mucho no poder ayudarte, ya que en este momento estamos en guerra, andamos buscando al Dragón Resta Número Tres.

LETY

¿Al Dragón Resta Número Tres?

LETY

Sí. Es el único que nos falta por atrapar. Es nuestro peor enemigo. A toda costa trata de reducirnos a cero.

LETY

¿Puedo ir con ustedes?

CAPITÁN

¿Para qué?

LETY

Lo más seguro es que gane la batalla y así ya me puede prestar el número cuatro.

CAPITÁN

Si quieres venir, síguenos.

Salen todos del escenario. Entra el Dragón.

DRAGÓN

¡Qué hambre tengo! Me comería cualquier número que se me parara enfrente. ¿Qué veo? Un rico ejército de números.

Llegan el Capitán y su ejército, acompañados por Lety.

CAPITÁN

Por aquí debe de andar. Hay que estar listos.

DRAGÓN

¡Ya los tengo! Y poco a poco los voy a reducir.

CAPITÁN

¡Prepárense! No podrás con nosotros. Lo mejor es que te rindas.

DRAGÓN

Eso crees. Te estoy esperando. ¡Ataca!

CAPITÁN

Número nueve. ¡Deténlo!

El número nueve trata de agarrarlo, pero la lengua
del Dragón se convierte en el número tres y el signo
de la resta. Desaparece el nueve y sale el seis.
Cuando a éste lo va a agarrar nuevamente la lengua,
el número tres lo rescata. Sin embargo, la lengua lo agarra
y lo convierte en el número cero, al cual Lety rescata.

DRAGÓN
   ¿Quién sigue?
LETY
   ¿Qué hacemos, Capitán?
CAPITAN
   Es más peligroso de lo que pensaba.
DRAGÓN
   ¿Qué esperan, cobardes?
LETY
   No puede dejar que su ejército se quede en puros ceros.
   Tenemos que hacer algo, pero rápido... ¡Ya sé! Si mandamos
   en formación al número uno, seguido de los números dos,
   cuatro y cinco, así formados como están se convierten en
   el número mil doscientos cuarenta y cinco, y como nada
   más puede restar de tres en tres, se va a tardar mucho, y lo
   más seguro es que se va a cansar. En ese momento nosotros
   lo podemos atrapar.
CAPITÁN
   ¡Claro! Uno, dos, cuatro y cinco... ¡En formación de ataque!
   ¡Atrápenlo!

   La lengua lo atrapa y empieza a restarlo.
   Cuando ha restado ya varias veces, hace
   una pausa para descansar y es cuando aprovechan
   Lety y el Capitán para atraparlo con una red.

CAPITÁN
   Lo tenemos, lo tenemos.
LETY
   Ya no podrá hacer daño.

Capitán
  Con él, ya todos los dragones están controlados. Te puedes llevar al número cuatro.

Lety
  Pero, Capitán, ya no tiene ningún número cuatro.

Capitán
  Es verdad. Lo perdimos en la guerra. Vamos al cuartel; ahí puedes encontrar muchos cuatros.

Lety
  De veras. ¿Está cerca el cuartel?

Capitán
  Sí. Como a cinco días de camino.

Lety
  No puedo ir.

Capitán
  ¿Por qué?

Lety
  Es que al número lo necesito para mañana.

Capitán
  Siento mucho no poderte ayudar. Si cambias de decisión, te esperamos en el cuartel. ¡Números! ¡Marchen!

  Sale el Capitán, seguido de los números. Llega Pepe.

Pepe
  ¡Hola, Lety! ¿Qué te pasa? ¿Por qué estás triste?

Lety
  Es que se me perdió un número cuatro.

Pepe
  ¿Un número cuatro?

Lety
  Sí.

Pepe
  ¿Y de qué color era?

Lety
  Rojo y de este tamaño. *(Le muestra un número.)*

PEPE
Yo sé quién lo tiene.

LETY
¿Sí? ¿Quién?

PEPE
Una rana de la recta numérica.

LETY
Voy a buscarla.

PEPE
Espera. No creo que te lo den.

LETY
¿Por qué?

PEPE
Es que yo me lo encontré, y como no sabía de quién era, se lo cambié por un número cero. *(Se lo muestra.)* Ten..., te lo regalo, puedes jugar a muchas cosas con él.

LETY
No lo quería para jugar. La maestra me lo pidió de tarea.

PEPE
Vamos a ver a las ranas; a la mejor nos lo regresan. *(Salen.)*

Entran dos ranas títeres, acomodando una recta numérica, y ponen al cuatro en el lugar del diez. Cuando terminan se ponen a cantar.

RANAS
Cucú, cantaba la rana
cucú pasó un caballero,
cucú vestido de negro,
cucú pasó una gitana,
cucú vestida de lana,
y comiendo pan;
le pedí un pedazo,
no me quiso dar;
la cogí del brazo
y la hice bailar,
si el cucú te gusta,
volveré a empezar.

Cuando terminan de cantar se ponen a brincar.

RANA UNO
  Ahora, a brincar.

  La Rana se sube en la recta.

RANA DOS *(Brincando del cero al uno.)*
  Si salto al cinco, llego al seis; más dos saltos, al ocho; y si salto dos más, llego al diez.

RANA UNO
  ¡Un momento! Ahí no está el diez, sino el catorce.

RANA DOS
  Pero yo salté del ocho y sólo salté dos números. Tendría que ser el diez.

RANA UNO
  Espera, es que falta el cero.

RANA DOS
  ¡Deveras! Qué tonta soy. ¿Cómo no lo pensé antes? Como teníamos dos ceros, cambié uno por un cuatro.

RANA UNO
  ¿Y ahora que vamos a hacer?

RANA DOS
  Tenemos que rescatarlo.

RANA UNO
  ¿Pero cómo lo rescatamos?

RANA DOS
  No sé. ¿A dónde se lo llevarían?

RANA UNO
  No podemos dejar así la recta. Vamos a quitarle el número catorce y dejarla en nueve.

RANA DOS
  Va a quedar muy corta.

RANA UNO
  Sí, pero no tenemos otra solución.

  Quitan el catorce.
  Llegan Pepe y Lety.

PEPE

Ahí está una rana. Vamos a pedirle tu número.

LETY

Espera. Ése no es mi número cuatro. El mío es rojo.

PEPE

Pero te puede servir mientras. ¡Hola, amiga Rana!

RANA DOS

¡Hola! ¿Traes nuestro cero?

PEPE

Sí, y vengo a cambiártelo nuevamente por el cuatro.

RANA DOS

¡Qué bueno! Tómalo y deja el cero en su lugar.

RANA UNO

¡Un momento! No pueden quitar el número.

RANA DOS

Es que se lo cambio por el cero.

RANA UNO

Pero si le das el cuatro, no vas a poner poner el cero ahí.

RANA DOS

¡De veras! Lo siento, no se lo puedo dar.

LETY

¿No?

RANA UNO

Pero sí te lo podemos cambiar por éste. *(Le dan su cuatro.)*

LETY

¡Es mi cuatro! Gracias, amigas ranas.

PEPE

Ahora sí, ya tienes completos los números del uno al diez.

LETY

¡Claro! *(Saca los números y los acomoda.)*
De la una a las dos,
voy más a las dos;
de las dos a las tres,
voy más a las tres;
de las tres a las cuatro,
voy más a las cuatro;

de las cuatro a las cinco,
voy más a las cinco;
de las cinco a las seis,
voy más a las seis;
de las seis a las siete,
voy más a las siete;
de las siete a las ocho,
voy más a las ocho;
de las ocho a las nueve,
voy más a las nueve;
de las nueve a las diez,
voy más a las diez.
Ni diez, ni nueve,
ni ocho, ni siete,
ni seis, ni cinco,
ni cuatro, ni tres,
ni dos, ni una,
ni nada, ni nada.

LETY

Y nuevamente, los tengo todos ya.

Telón.

¡ÚNETE NIÑO! ¡VAMOS A SALVAR EL BOSQUE!

Dante del Castillo

Para mis queridas sobrinas
Karla y Erika

Puede representarse con actores y marionetas.

Dante del Castillo

Nació en Orizaba, Ver., en 1946.
Es ingeniero metalúrgico egresado del Instituto Politécnico Nacional.
Estudió dramaturgia con Emilio Carballido y fue becario del Centro
de Escritores (1971-1972). Es también actor, director y crítico teatral.
Investiga en sus obras el comportamiento humano y profundiza
notablemente en el espíritu de sus personajes. Son conocidas sus
obras: *Riesgo, vidrio; Adán, Eva y la otra; Las Muñecas;*
y *Luzca para ti la luz perpetua.*

Personajes

Luciérnaga
Pato
Pata
Búho
Tucán
Ceiba
Encina
Abeja
Ardilla
Niña
Niño
Presidente Municipal
Empresario
Periodista
Muchos niños

Escenografía: un lugar en un bosque. Época: actual.

Antes de abrirse el telón, se escucha el sonido de varios radios de transistores en diferentes estaciones y a todo volumen. También se oyen voces humanas hablando, cantando y gritando. Al irse abriendo el telón estos ruidos van disminuyendo y se escuchan otros ruidos de los motores de muchos vehículos poniéndose en marcha y alejándose.

Mientras animales y árboles cantan:

Los domingos en verdad
tenemos que soportar
como si fuera ciudad
ruido, mugre y malestar.
Viene gente en cantidad
a este bosque sin igual,
mas no saben conservar
éste, su paseo ideal.
Dejan cerros de basura,
hacen fuegos sin mesura,
no se ponen a pensar
que esto se puede acabar.
Si tú vas de día de campo,
el lugar debes cuidar,
tus fogatas apagar,
desperdicios no tirar.
La ciudad debe estar limpia,
pero el bosque mucho más;
si no cuidas el ambiente,
pronto tú enfermo estarás.

CEIBA *(Agita sus ramas y ulula como sirena de bomberos.)*
¡Atención! ¡Atención! ¡Atención! Urge apagar un fuego,
urge apagarlo, antes de que sople el viento y lo extienda.

PATO
¿Por dónde está, señora Ceiba?

CEIBA
A unos cuantos metros de aquí. *(Señala con una de sus
ramas.)* En esa dirección.

LUCIÉRNAGA
Voy a investigar para luego guiarlos. *(Sale.)*

BÚHO
A combatir, a combatir.

TUCÁN
Yo traeré agua de donde sea.

PATO

Mi novia y yo escarbaremos tierra y se la echaremos al fuego.

PATA

Escarbar, ¿yo? ¿Y para eso fui al salón de belleza?

LUCIÉRNAGA *(Regresa.)*

Es por aquí, síganme.

BÚHO

Vamos, no hay tiempo qué perder.

Todos salen.

CEIBA

¿Qué le pasa, señora Encina? La noto deprimida.

ENCINA

Lo estoy, señora Ceiba, lo estoy.

CEIBA

¿Y por qué?

ENCINA *(Comienza a llorar.)*

Es que me quebraron varias ramas.

CEIBA

Ya lo veo. Y no sólo se las quebraron, se las arrancaron.

ENCINA

Así es. Ay, ay, ay, me duelen mucho las heridas.

CEIBA

¡Qué barbaridad! ¿Y por qué le hicieron eso?

ENCINA

No lo sé, me atacaron sin ninguna consideración y sin ningún motivo.

CEIBA

De seguro fueron unos truhanes, unos malhechores.

ENCINA

No, fueron tres niños que comenzaron a columpiarse, a brincar sobre mis ramas hasta que las quebraron, después las arrancaron y las dejaron por ahí tiradas.

CEIBA

¿Y de dónde saldrían esos pillos?

ENCINA

Venían en la excursión de alguna escuela.

CEIBA

¡No puede ser! ¿De una escuela?

ENCINA

Sí, estoy segura.

CEIBA

Pues lo primero que les deberían enseñar en las escuelas es que árboles, plantas y animales también sufrimos y sentimos cuando nos hacen daño.

ENCINA *(Llora más fuerte.)*

Y figúrese: yo nada más los estaba protegiendo del sol, los estaba cubriendo con mi sombra. ¡Ay, ay, ay!

CEIBA

¡Ingratos! Pero aguántese el dolor y no se ponga triste. Pronto le saldrán retoñitos en esas heridas y después le comenzarán a crecer ramas nuevas. Ya, ya, ya.

ENCINA *(Un poco molesta.)*

A usted todo se le hace muy fácil. *(Deja de llorar.)* ¡Cómo se ve que no sufre estos percances!

CEIBA

Gracias a Dios, soy muy alta. Nadie se atreve a subir a mi copa.

ENCINA

Por eso no me comprende.

CEIBA

Sí la comprendo.

ENCINA

No, qué va, para nada.

Entre los matorrales se escucha
un llanto mezclado con zumbidos.

CEIBA

Ya, ya, señora Encina. Pare de llorar, parece usted un sauce llorón.

ENCINA

Si ya no estoy llorando.

CEIBA
    Entonces, ¿eso que oigo?

ENCINA
    Es alguien que está escondido entre los matorrales.

CEIBA *(Gritando.)*
    ¿Quién sufre por ahí?

ENCINA *(También gritando.)*
    Diga, qué le pasa.

CEIBA
    A lo mejor podemos ayudar.

ABEJA *(Saliendo de entre los matorrales.)*
    Soy yo.

CEIBA
    ¿Por qué lloras, Abejita?

ABEJA
    Me quedé sin casa y sin familia.

ENCINA
    ¿Qué le pasó a tu panal?

ABEJA
    Lo destruyeron unos muchachos.

CEIBA
    ¿Cómo?

ABEJA
    Lo derribaron del árbol donde estaba y luego, a pedradas, lo dejaron inservible, inhabitable.

CEIBA
    ¿Y las demás abejas, tus hermanas?

ABEJA
    Todas pudieron salvarse.

ENCINA
    ¿Y dónde están?

ABEJA
    Se pusieron a perseguir a los malvados.

CEIBA
    Bien hecho.

ENCINA
    Ojalá que les den un buen escarmiento.

ABEJA

Todo esto que les cuento sucedió a mediodía. *(Vuelve a llorar.)* Y ya se hizo de noche y mis hermanas no han regresado. Temo que les haya pasado algo malo.

CEIBA

Tranquilízate.

ENCINA

No han de tardar en volver.

ABEJA

¿Y cuando regresen, qué vamos a hacer? ¿Dónde pasaremos la noche? ¿Dónde nos vamos a meter?

ENCINA

En mi cabeza.

CEIBA

Sí, en la cabeza de ella.

ABEJA

¿Qué dicen?

ENCINA

Arriba, en mi copa, hay un panal abandonado, pero en buenas condiciones, podrán habitarlo ustedes.

ABEJA

¿De verdad?

ENCINA

¡Claro que sí!

ABEJA

Muchas gracias.

CEIBA

Ya lo ves, ese problema está resuelto.

ABEJA

Ahora, sólo voy a esperar que mi familia regrese.

Entran rápidamente los demás animales, la Abeja se esconde.

CEIBA

¿Apagaron el fuego?

BÚHO

Por supuesto.

ENCINA

¿Les costó mucho trabajo?

BÚHO

No, por el contrario, fue muy fácil.

LUCIÉRNAGA *(Abrazándolo.)*

Gracias al señor Tucán.

PATA

Trabajó incansablemente.

LUCIÉRNAGA *(Acariciándolo.)*

A pesar de que le dolía su cabecita.

PATO

Acabó con el incendio en un santiamén.

ENCINA

Pues, ¿qué fue lo que hizo?

BÚHO

Acarreó agua en su pico...

LUCIÉRNAGA

Rápido y muchas veces.

PATA

A una velocidad increíble.

LUCIÉRNAGA

Se portó como todo un héroe.

TUCÁN *(Muy halagado.)*

No digan eso, no digan eso, por favor. La verdad es que hice muy poco.

PATA

A mí, la verdad, lo que más me agradó es que no tuve que escarbar la tierra. *(Contempla sus patas.)* Me hubiera echado a perder el "maniquiure".

CEIBA

¡Atención! ¡Atención! ¡Atención!

Todos se ponen tensos.

PATO

¿Qué pasa?

PATA *(Fastidiada.)*
   ¿Otra emergencia?

BÚHO
   ¿De qué se trata?

LUCIÉRNAGA
   ¿Qué sucede?

TUCÁN *(Muy suficiente.)*
   Nada más indíquenme por dónde está el fuego y yo me
   comprometo a apagarlo solito.

CEIBA
   Tranquilos, no hay por qué alarmarse.

ENCINA
   Sólo queremos presentarles a una nueva vecina. *(Pausa.)*
   ¿Dónde estás, Abejita?

ABEJA *(Sale de su escondite.)*
   Aquí estoy. Mucho gusto, encantada de conocerlos.

CEIBA
   Vivirán en la cabeza de la señora Encina, ella y su familia.

LUCIÉRNAGA *(Contenta.)*
   Espero que tenga usted muchos hermanos.

BÚHO
   Bienvenida.

PATO
   Me pongo a su disposición.

PATA
   ¿Cómo?

PATO
   Quise decir que me ponía a sus órdenes.

PATA
   ¡Ah, vaya! *(A la Abeja.)* El señor es mi novio y pronto
   vamos a casarnos.

ABEJA
   Felicidades.

PATA
   También le doy la bienvenida.

PATO
   No tenías por qué decirle todo eso.

PATA

Así no coqueteará contigo... *(Viendo a la Luciérnaga.)* Como otras.

TUCÁN

La verdad es que nos dará mucho gusto tenerlas como vecinas.

BÚHO

Los trabajadores siempre son bien recibidos en nuestra comunidad.

TUCÁN

Yo creo que en cualquiera.

ABEJA

Gracias, gracias a todos.

CEIBA *(Ulula ahora como sirena de policía.)*

Ésta sí es una alerta. La señora Ardilla se acerca y parece que algo grave le pasa.

ARDILLA *(Entra corriendo, muy angustiada.)*

¡Ay, qué dolor! ¡Qué pena! *(Se detiene cuando los ve. Muy dramática.)* ¡Hasta que por fin encuentro a mis amigos! ¡Ayúdenme, por favor! *(Cae sin sentido.)*

*Entre el Búho y el Tucán logran que
no se golpee al caer, la sostienen.*

LUCIÉRNAGA

¿Qué le pasó?

TUCÁN

Se desmayó.

BÚHO

Venía muy apurada.

PATO

Hay que ayudarla para que vuelva en sí.

TUCÁN

Pero, ¿cómo?

PATO

Le daré respiración de pico a hocico.

Pata

Tú que le das eso y te lo rompo.

Pato

¿Qué me rompes?

Pata

El pico.

Pato

¿Pero no ves que necesita ayuda?

Pata

Pues que se la dé alguien que no tenga compromiso.

Búho

¡Basta! Ya dejen de pelear. No es el momento.

Tucán

Parece que ya está reaccionando.

Ardilla

¿Dónde estoy? ¿Qué me pasó? *(Reconoce el lugar.)* ¡Ah, ya me acordé! ¡Dios mío! ¡Mis hijos, mis hijos! ¡Qué tragedia! *(Se quiere privar otra vez.)*

Búho

Señora Ardilla, ya no se desmaye... ¿No ve que necesita decirnos lo que le pasa?

Ardilla

¿Qué...? Tiene usted razón... La cosa es que no puedo entrar en mi casa, no puedo.

Tucán

¿Qué se lo impide?

Ardilla

Piedras y basura que acumularon en mi puerta dos mozalbetes. Traté de evitarlo, pero uno de ellos me comenzó a tirar proyectiles con su resortera. Tuve que salir huyendo.

Búho

No se preocupe, iremos a quitar todos los estorbos.

Ardilla

Pero, tiene que ser pronto... Mis hijitos están dentro y tengo mucho miedo de que vayan a asfixiarse.

Pato

Vamos, las criaturitas han de estar muy asustadas.

PATA
>O muertas. Yo, como buena Pata, pienso que ya estiraron la pata.

ARDILLA
>Ay, no diga eso. *(Está a punto de desvanecerse otra vez.)*

BÚHO
>¿Para qué dijo eso, señorita Pata?

PATA
>¡Ay, pues por meter mi pata!

TUCÁN
>No hay tiempo qué perder. La llevaremos a su casa.

PATO
>Y rescataremos a sus hijos.

LUCIÉRNAGA
>Vámonos ya.

TUCÁN
>Uno, dos, tres, en marcha.

Entre el Búho y el Tucán casi llevan en vilo a la señora Ardilla. Salen todos, menos la Abeja.

ABEJA
>Me hubiera gustado acompañarlos, pero ¿qué tal si alguna de mis hermanas me busca?

ENCINA
>No te preocupes, espera. Ya verás que no tardan en venir.

CEIBA
>¡Pobre de la señora Ardilla!

ENCINA
>La verdad que con estos humanos, no gana uno para sustos.

CEIBA
>¿Por qué serán tan malos?

ENCINA
>De haber estado cerca de esos desalmados, les hubiera echado por lo menos una lluvia de bellotas, para golpearlos siquiera en sus cabezotas.

Ceiba

¿Y por qué no se las aventó a los que le quebraron sus ramas?

Encina

Con el miedo y el coraje que sentía en esos momentos, no me acordé que tenía bellotas en mi fronda.

Ceiba

¿No le digo? Así pasan las cosas. *(Comienza a mover sus ramas.)* Hace un poco de calor, ¿Verdad?

Encina

Espere, espere, no se mueva, guarde un poco de silencio.

Cebia *(Sin hacer caso.)*

¿Qué pasa?

Encina

¿Acaso no escucha usted?

Ceiba

No, no oigo nada.

Encina *(Ya un poco molesta.)*

Por favor, hágame caso, deje de mover sus ramas.

Ceiba

Está bien, me quedaré quieta.

Encina

Sí, sí, ahora puedo escuchar bien. *(Alarmada.)* Son pasos, ¡pasos de humanos!

Ceiba

¿Ya los vio?

Encina

No, por más que estiro mis ramas superiores, no alcanzo a distinguir nada.

Ceiba

¿Por dónde se oyen los pasos?

Encina *(Señala.)*

Por ahí.

Ceiba

Sí, sí. A pesar de la oscuridad veo dos pequeñas figuras que se aproximan para acá.

Encina
Se lo dije.

Ceiba
¿Qué vendrán a hacer?

Encina
¿Quién sabe?

Ceiba
Casi llegan; escóndete, Abejita.

Ésta, muy obediente, se pone detrás de la Encina. Entran un Niño y una Niña seguidos muy de cerca por el Búho, quien inmediatamente se esconde.

Niña *(Temerosa.)*
Siento como si alguien viniera persiguiéndonos.

Niño
Imaginaciones tuyas.

Niña
No, me atreví a voltear y vi cómo se movían los arbustos atrás de nosotros.

Niño
Sería el aire.

Niña
No.

Niño
Bueno, pues mira, mira para todos lados y te darás cuenta de que nadie nos ha seguido.

Niña *(Recorre con su vista el claro del bosque.)*
Sólo estamos tú y yo.

Niño
Te lo dije.

Ceiba
Hay que hacer algo para alejarlos de aquí.

Encina
Sí, no sea que también se les ocurra arrancarme ramas.

Comienzan a mecer sus ramas y hacen el sonido de un fuerte viento.

Niña *(Asustada.)*
   ¿Qué pasa?
Niño
   Es el viento, no te espantes.

                    Dejan de moverse.

Niña
   Se calmó pronto.
Niño *(Observando todo.)*
   Sí, fue un viento algo extraño. *(Señala.)* Mira, nos podemos
   sentar en ese tronco.
Niña *(Se sienta.)*
   Sí, hemos caminado mucho.
Niño *(También se sienta.)*
   Después de todo, este lugar me parece bonito y tranquilo,
   como para quedarnos a vivir aquí.

Nuevamente los árboles comienzan a moverse y el Búho canta.

Niña *(Se abraza al Niño.)*
   Otra vez el viento.
Niño
   Sí, no tengas miedo.
Niña
   ¿Oyes ese canto misterioso?
Niño
   No tiene nada de misterioso. En todos los bosques hay
   búhos, lo que sí se me hace muy raro es que sólo se estén
   moviendo esos árboles. Voy a investigar.

        *El niño se acerca. Los árboles dejan de moverse
        y el Búho suspende su canto. La Ceiba avienta
           una rama seca dirigida al Niño.*

Niña *(Grita.)*
   Cuidado, hazte a un lado.

Niño *(Esquiva la rama; ésta cae al suelo.)*
Por poquito me da.

Niña
Y en la mera cabeza.

Niño
Gracias a que me avisaste.

Ceiba
Niña tonta, metiche, nada más acércate por aquí y verás si no te aviento otra a ti, que ni cuenta te vas a dar.

Encina
No haga coraje. Yo la voy a vengar. *(Ríe maligna.)* Le dejaré caer algunas bellotas en su cabeza. *(Caen varias.)*

Niño
Ay, ay, ay.

Niña *(Muy asustada.)*
¿Qué te pasó?

Niño *(Recoge una.)*
Nada, unas bellotas que cayeron del árbol y me golpearon.

Niña
¿Fuerte?

Niño
No, no mucho.

Encina *(Enojada.)*
Debí lanzarlas con más fuerza.

Ceiba
Por lo menos le dio usted unos golpes.

Encina
¿Qué otra cosa les podemos hacer?

Ceiba
Déjeme ver, déjeme pensar, a ver qué se me ocurre.

Abeja *(Sale de su escondite.)*
No se preocupen, ahora me toca mi turno. Vamos a ver si resisten mis piquetes. *(Se acerca a la Niña y le clava su aguijón.)*

Niña
¡Ay, ay, ay! ¡Qué dolor! ¡También me arde!

Niño

    ¿Qué te pasó? ¿Por qué gritas?

Niña *(Sobándose.)*

    Me picó, me picó un insecto grande, grande, gigantesco.

Niño

    No seas tan exagerada.

Niña *(Le muestra.)*

    Mira, mira cómo tengo el brazo.

Niño *(Se acerca y observa.)*

    Sólo tienes un piquetitito de abejitita.

Niña

    ¡Ay, ay, ay!

Niño

    Cálmate, no seas tan escandalosa.

Abeja

    Conque abejititita, ¿eh? *(Se acerca y también lo pica.)*

Niño *(Grita y da un salto, después hace muchos aspavientos.)*

    ¡Ay, ay, ay, mi bracito, parece que me inyectaron chile piquín! ¡Mamá, mamacita! Algo me picó muy fuerte, muy fuerte y me ha de haber hecho un agujerote. *(Se mira el brazo.)* Sí, tengo un hoyote, mira, creo que me picó un elefante volador.

Niña

    No digas tonterías, los elefantes no vuelan, ni tampoco pican.

Niño

    Entonces, de seguro fue una abejotototota.

Niña

    ¿Ah, verdad? Ahora sí, es una abejotototota, pero cuando me picó a mí, dijiste que sólo se trataba de un piquetitito de una abejitita.

Niño *(Hasta quiere llorar.)*

    Mira, mira cómo se me está hinchando el brazo.

Niña

    Aguántate. El dolor y las molestias no duran tanto. A mí ya se me están calmando.

ENCINA
No dejes que se repongan, Abejita, pícalos otra vez.

CEIBA
Dales duro, para que se vayan.

Empieza a zumbar amenazante alrededor de ellos y trata de picarlos nuevamente, pero los niños hábilmente la esquivan y por fin salen huyendo. Esto se puede hacer en coreografía y con una música adecuada.

ENCINA
Ja, ja, ja, mírenlos como corren. Persíguelos Abejita, persíguelos.

CEIBA
Ja, ja, ja. No dejes que vuelvan por acá.

El Búho sale de su escondite y se pasea muy serio y pensativo. Los árboles al verlo, dejan de reír.

ENCINA
¿En qué piensa, abuelo?

CEIBA
¿Qué le preocupa?

BÚHO
Me preocupa que en todos nosotros hay mucho resentimiento con los humanos.

CEIBA
Me parece que muy justificado.

ENCINA
Nos han hecho cada cosa.

BÚHO
Pero no todo el mundo es igual. No sé por qué, pero estos niños se me hacen diferentes, por eso no me gustó la saña con que los picó y los persigue la Abejita.

ENCINA
Ella tiene buenas razones para hacerlo.

CEIBA
Le destruyeron su casa.

Búho

Pero no fueron exactamente ellos, ¿o sí?

Encina

No, fueron otros.

Búho

Y a usted debería darle vergüenza haber golpeado en la cabeza al pobre niño.

Encina

Ay, abuelo es que...

Ceiba

En la tarde le arrancaron varias ramas y le causaron mucho dolor.

Búho

Vuelvo a preguntar: ¿fueron ellos?

Encina

No.

Búho

No me parece correcto que tratemos igual a todo el mundo. Es cierto que nos han hecho mucho daño, pero hay personas que aman el bosque, la naturaleza, los animales, y me parece que esos niños son de esa clase de personas.

Encina

¿Escuchó usted que desean quedarse a vivir aquí?

Búho

Sí, y no ha de ser porque les desagrade.

Ceiba

De seguro los han de haber corrido de sus casas.

Búho

No piense así, son muy pequeños para que les hagan eso.

Encina

A mí, la verdad me intriga un poco saber la razón de que anden por aquí solos y a esta hora.

Ceiba

Para salir de dudas, ¿por qué no habla usted con ellos y les pregunta, abuelo?

Búho

En eso precisamente estaba pensando y además podríamos aprovechar que están aquí para que todos les expongamos nuestras quejas.

Ceiba

¿Con qué objeto?

Búho

Primeramente serviría como un poco de desahogo, y quizás después ellos serían los portadores de nuestro mensaje y se lo harían llegar a todos los demás humanos.

Encina

¿Y les creerían?

Ceiba

Hay niños tan mentirosos que nadie les cree nada. A lo mejor ellos son así.

Búho

Hay que arriesgarnos. Me parece que con ellos se nos presenta una oportunidad que no debemos dejar pasar.

Ceiba

Bueno, después de todo, ya no tenemos mucho qué perder.

Búho

Y a lo mejor sí podemos ganar algo. Iré a buscarlos.

Ceiba

No hay necesidad, parece que regresan.

Entran corriendo despavoridos, los Patos,
el Tucán, la Luciérnaga y la Ardilla cargando
dos pequeños bultos.

Tucán

Atención, peligro, peligro.

Luciérnaga

Es mejor que apague mi luz para no llamar la atención.

Ardilla

¡Por favor, por favor, señora Encina! Compadézcase de mí y escóndame con mis dos críos.

Encina
     ¡Claro que sí! Venga para acá. *(La esconde.)*
Tucán
     Señora Ceiba, ¿por qué no ha sonado su alarma? ¿Acaso no ha visto que dos intrusos están en el bosque?
Pato
     Es muy grave que esté fallando nuestro sistema de seguridad.
Pata
     Debería usted de estar más alerta.
Ceiba
     Calmados, calmados. Todo está controlado. Escóndanse y escuchen lo que el abuelo Búho va a hablar con ellos.
Tucán
     ¿Y qué les va a decir?
Pato
     Tenga cuidado.
Búho
     No se preocupen. Ya se acercan.

Todos se esconden, menos el Búho. Los niños entran cansados, pero muy divertidos.

Niño
     Nunca me imaginé andar corriendo por el bosque en la noche.
Niña
     Yo, menos.

     Entra la abeja muy fatigada y se sienta en el suelo.

Niña
     Mírala, ahí está, parece que está cansada.
Niño
     La cansamos.

          Los dos ríen divertidos.

Niño
     Ya estamos otra vez en el lugar que me gustó.

NIÑA
> Ojalá no haya más abejas.

BÚHO *(Se acerca a ellos.)*
> ¡Hola muchachos!

NIÑO
> ¿Escuchaste?

NIÑA
> Sí, alguien nos saludó.

NIÑO.
> Era una voz muy rara.

NIÑA
> ¿Quién podrá ser?

NIÑO
> A lo mejor, un guardabosque que quiere asustarnos y está fingiendo la voz. *(Grita.)* ¿Quién habló?

BÚHO
> Yo soy.

NIÑO
> ¿Quién es y dónde está?

BÚHO
> Aquí, cerca de ustedes.

> *Los dos voltean y se encuentran con el Búho.*

NIÑA *(Se asusta.)*
> ¡Ay!

NIÑO
> Es el Búho que oímos cantar hace un rato.

BÚHO
> Y también, al que oyeron hablar.

NIÑO
> Pero, eso no puede ser, no es posible.

NIÑA
> Ningún animal puede hablar.

BÚHO
> ¿Quién lo dice?

NIÑA

Todo el mundo.

BÚHO

¿Y quién es todo el mundo?

NIÑO

Nuestros papás, nuestros maestros.

NIÑA

La gente mayor.

BÚHO

¡Bah! No saben lo que dicen. *(Pausa.)* Aunque es muy fácil darse cuenta de por qué hablan así.

NIÑO

¿Por qué?

BÚHO

La gente, cuando crece, se vuelve descreída, preocupona, desconfiada. Va perdiendo toda su imaginación, deja de soñar y así, poco a poco, va terminando con su fantasía. Por eso ya no pueden entendernos, ni le interesa comunicarse con nosotros. Pero ustedes son niños, su imaginación está fuerte, activa, despierta y por eso, si realmente creen que podemos dialogar con ustedes, podemos hacerlo. Como en este momento. ¿Me han comprendido?

NIÑA

Yo sí.

NIÑO

Yo también.

BÚHO

La cosa no es tan difícil. Ustedes ya lo han visto, y además es lógico que podamos entendernos: ustedes también son animales.

NIÑO *(Un poco petulante.)*

Pero nosotros, el género humano, somos los inteligentes, pensamos.

BÚHO

No todos, te lo aseguro, si así fuera, este lugar no estaría en las condiciones en que se encuentra.*(Pausa.)* ¿Les gustaría escuchar lo que algunos en el bosque hemos sufrido de la gente?

NIÑO

Sí, ¿por qué no?

NIÑA

Va a ser muy interesante.

BÚHO

Pueden hablar. Comience usted, señora Ceiba.

CEIBA

Están acabando con la vegetación, con los árboles, para ser más precisa. Mi familia entera fue derribada y la convirtieron en madera para fabricar muebles, puertas y ventanas.

ENCINA

Lo mismo pasó con la mía, pero no la convirtieron en madera, sino en leña y en carbón.

Los animales van saliendo de sus escondites.

PATO

Muchos hermanos murieron cazados por gente ociosa que nada más nos mata por placer, y la laguna que era mi casa, ahora está contaminada, porque tiran basura y desperdicios químicos en el río que la alimenta...

PATA

A veces el agua llega tan sucia, que cuando nos metemos a bañar, salimos más sucios que cuando entramos.

LUCIÉRNAGA

Y cuando vienen a pasear, miren cómo dejan el bosque: tiran porquerías por todas partes y olvidan apagar fuegos que nos destruyen.

TUCÁN

Yo soy de las especies que están por terminarse. A mis hermanos los han cazado y mandado a otros países, donde se mueren de pura tristeza.

ARDILLA

Y nosotros, por pequeños, tenemos que soportar sus agresiones. ¿Por qué, cuando van a los zoológicos, no se ponen con los tigres, los leones o los elefantes?

Niña

Bueno, ustedes también nos atacaron. *(Señala a la Encina.)*
Ella nos tiró bellotas.

Niño *(Señalando a la Abeja)*

Y ella nos picó sin ningún motivo.

Abeja

Me dejaron sin casa y sin familia ¿Les parece poco?

Niña

¿Nosotros?

Abeja

Ustedes no, otros humanos.

Búho

Me parece que hemos llegado al punto que yo quería. *(A los niños.)* Ojalá que esto que oyeron les sirva a ustedes para comprendernos y así puedan disculpar las agresiones de la señora Encina y de la Abejita.

Niño

Por mi parte, está todo olvidado.

Niña

También por la mía.

Búho

Queremos pedirles que les digan a los demás que ya no nos maltraten, y que cuiden los bosques, las selvas, los mares. Todos vivimos en el mismo mundo y si nosotros llegamos a desaparecer, tarde o temprano también ustedes lo harán, porque es una cadena, todo tiene que ver con todo.

Los niños se sientan muy tristes en el tronco.

Búho

¿Qué les pasa?

Luciérnaga

Los pusimos tristes.

Niño

No, lo que pasa es que no es fácil convencer a la gente. Saben muchas veces que están haciendo mal y no quieren dejar de hacerlo. Nostros quisiéramos poner remedio a todo lo que nos dijeron, pero...

NIÑO

Si estamos aquí es porque algo más grave amenaza a este bosque: parece que quieren acabar con él.

PATO

Para lo que les falta.

BÚHO

Cállense, no interrumpan a los niños. Sigan.

NIÑO

Piensan instalar una nucleoeléctrica y eso es muy peligroso, porque con el escape de la radiación, ustedes comenzarían a morir.

NIÑA

Y si se produjera un accidente, como ya ha sucedido en otras partes, este bosque y nuestra ciudad que está tan cerca, se contaminarían, el agua no se podría tomar, ni los alimentos podrían comerse.

NIÑO

Los niños somos los que más sufriríamos, porque si no morimos quemados por la radiación, podemos morirnos de hambre.

NIÑA

Y todos queremos vivir.

NIÑO

Y vivir bien; por eso ella y yo decidimos quedarnos en el bosque, como protesta.

NIÑA

No deben instalar aquí esa planta atómica.

PATA

¿Solamente protestan ustedes dos?

NIÑO

Aunque fuera uno solo, alguien tiene que empezar.

NIÑA

Pronto seremos más: nuestros compañeros de la escuela, los que vinieron a la excursión se nos unirán más tarde, sólo fueron a la ciudad para convencer a más niños y también para entregar más cartas.

Niño

A estas horas, mucha gente ya debe haberlas recibido y están invitados a que se nos unan.

Niña

Al mismo Presidente Municipal le deben haber entregado una personalmente y otra al Empresario.

Niño

Todo el mundo debe saber que nos oponemos a que instalen esa planta atómica. Nuestra protesta crecerá y, ya fuertes, exigiremos más cosas: primero, que el ambiente mejore.

Niña

Y el aire sea más limpio.

Niño

Que el agua sea más clara y pura.

Niña

Así podremos comer alimentos más sanos.

Niño

Y veremos el Sol en todo su esplendor, y por las noches la luna y las estrellas se verán más claramente.

Tucán

¿Es que no se ven bien en la ciudad?

Búho

Ya ni aquí el cielo se ve con la misma claridad que lo vieron mis ojos y los ojos de los niños que vivieron en otros tiempos.

Niño

Deseamos en todo un mundo mejor.

Ceiba

Tenía usted razón, abuelo, no todos los humanos se portan igual. Qué bueno que tenemos a estos niños entre nosotros.

Pato

Y ojalá logren todo lo que quieren.

Encina

Si necesitan esconderse, cuenten con mi apoyo.

Tucán

Y para lo que sea, cuenten con el apoyo de todos.

Todos
> Sí, estamos con ustedes.

Voz de muy lejos
> Niños, niños ¿dónde están?

Búho
> Ya están llegando. Lo mejor es que cada quien se vaya a su casa y esté vigilante desde ahí.

Ceiba
> Estén muy pendientes, porque si algo se ofrece, yo haré sonar mi alarma.

> > *Todos salen menos la Abejita, el Búho y los Niños.*

Encina
> Abejita, será mejor que subas. Arriba esperarás a tus hermanas. (*La cubre y la desaparece.*)

Ceiba
> Y ustedes, Niños, acérquense a la señora Encina para que los esconda, hasta que sepamos quién es y qué intenciones trae.

> > *Van hacia la Encina y ésta los cubre.*

Encina
> Ya está.

Búho
> Ahora, hay que guardar silencio.

La voz (*Cada vez más cerca.*)
> Niños, niños, ¿dónde están?

Ceiba
> Por ahí se acerca, es un hombre mal encarado, no parece que sea buena persona.

Búho
> Shhh.

Presidente Municipal (*Entra, tiene aspecto de villano.*)
> Me pareció oir voces por este lugar. Niños, niños. (*Aunque grita, trata de darle un tono meloso a su voz.*) No se escondan, ya los oí... Aunque no me contesten, sé que me están escu-

chando. Permítanme presentarme: yo soy el Presidente Municipal de la ciudad donde viven... *(Conteniendo su coraje.)* Ya me entregaron su mensajito y lo leí con mucho cuidado... Quiero decirles que lo que están haciendo es una locura. De seguro, algún malvado comunista los mal aconsejó, pero ya no le hagan caso y dejen de ser irresponsables... No saben todo el dolor y la angustia que en estos momentos le están causando a sus padres... Aunque eso es mínimo, comparándolo con el daño que su actitud le puede causar a su ciudad y a su Patria... Todo eso que han dicho los periódicos y la televisión acerca de los peligros de las radiaciones es una mentira...

Anden, no sean malitos, regresen a sus hogares y yo me olvidaré del asunto. Por favor, se los suplico. Vine para llevarlos en mi auto hasta sus casas... Además, les quiero decir que, si se animan a venir conmigo, les voy a dar muchos premios. Les prometo que tendrán muchos juguetes, golosinas y dinero... Eso, les daré billetes que valen mucho, serán ricos, podrán comprar con ellos todo lo que quieran y podrán irse a pasear con sus papacitos al lugar que ustedes escojan. No importa lo caro que pueda costar... ¿Me oyeron? Tendrán suficiente dinero para hacer lo que les dé la gana... ¿Qué pasa...? ¿Les comieron la lengua los ratones...? ¿o las ardillas? *(Se ríe de su propio chiste malo.)*

¿Por qué no me contestan? Niñitos, digan sí, anden... No sean tontos, no desaprovechen esta gran oportunidad. *(Pausa. Al ver que no obtiene respuesta, se enoja.)* Hablen, muchachos tercos... ¡Por lo menos, sean educados y contéstenme que no aceptan! Ya me hicieron enojar, por eso les quiero advertir que si no tengo una respuesta pronto, me las van a pagar... Se van a arrepentir de andar de revoltosos... Muchachos rebeldes, alborotadores, ya les daré su merecido... Ya verán, ya verán, regresaré a la ciudad y traeré cientos de soldados y policías para que los busquen, y cuando los encuentren, ni se imaginan todos los castigos que les tengo reservados, ya verán, ya lo verán...

EMPRESARIO *(Entra.)*
Baje la voz, baje la voz, creo que alguien me sigue y puede oírlo.

PRESIDENTE MUNICIPAL *(Muy servil.)*
Sí, sí, señor, lo que usted ordene. *(En voz más baja.)* Niños, niñitos buenos, bonitos, no me hagan caso de todas las tonterías que dije, no les voy a hacer nada, pero vengan conmigo.

EMPRESARIO
Creí que ya los había encontrado y convencido.

PRESIDENTE MUNICIPAL
Están por aquí, estoy seguro de haber escuchado sus voces.

EMPRESARIO
Debemos encontrarlos pronto, antes de que esto crezca y sea incontrolable. En la ciudad ya se están reportando varios casos que indican que muchos niños vienen para acá, en camino.

PRESIDENTE MUNICIPAL
No los dejaremos llegar, no los dejaremos.

EMPRESARIO
¿Y cómo vamos a poder impedirlo? Si no sabemos cómo ni por dónde vienen, ni quién los trae... Lo único que sabemos es que han desaparecido de sus casas y han dejado mensajes como el que yo recibí.

PRESIDENTE MUNICIPAL
Le prometo que buscaré a esos muchachos perversos, hasta por debajo de la tierra.

EMPRESARIO
Debimos traer más gente.

PRESIDENTE MUNICIPAL
Se lo dije, pero usted no quiso.

EMPRESARIO
Pensé que sería fácil encontrarlos.

PRESIDENTE MUNICIPAL *(Otra vez gritando.)*
Condenados muchachos, salgan de su escondite, por lo menos digan algo, o van a ver, van a ver. Soy capaz de quemar este bosque, para que ustedes mueran achicharrados.

EMPRESARIO

Le dije que no gritara, ¿no entendió que alguien me sigue? Y puede ser un periodista, debe de andar por aquí cerca y no quiero que nadie de la prensa se vaya a enterar de lo que pretenden estos muchachos. Gracias a Dios, logré interceptar todas las cartas que iban dirigidas a los periódicos. ¿Se imagina si llegan a enterarse? Publicarían la carta íntegra y eso le daría más publicidad al asunto, se armaría un gran escándalo y entonces, adiós negocio, adiós millones... Y además, perdería yo toda la inversión que ya hice en el material y la maquinaria para construir la planta, usted tendría que regresarme todo el dinero que le entregué para que me diera esta concesión.

PRESIDENTE MUNICIPAL

Pero, señor empresario... yo, ese dinero, ya no lo tengo... Lo invertí, lo puse a trabajar... Es más; ya ni está en el país, lo mandé al extranjero.

EMPRESARIO

Pues me importa poco. Si el negocio no se hace y tengo que suspender la construcción de la nucleoelétrica, le aseguro que recuperaré todo mi dinero a como dé lugar y además lo denunciaré ante la opinión pública de que usted me vendió un parque nacional.

PRESIDENTE MUNICIPAL

No, no, no tendrá usted necesidad de hacer nada de eso. (*Grita desesperado.*) Niños, niños, ¿dónde están? Contesten...

EMPRESARIO

Shhh, entienda que no debe gritar.

PRESIDENTE MUNICIPAL *(Bajito.)*

Niñitos, niñitos buenos, bonitos, vengan, vengan, que no les vamos a hacer ningún daño.

Se escucha el canto del Tucán.

PRESIDENTE MUNICIPAL

¿Y eso?

EMPRESARIO *(Furioso.)*

¡Maldita sea! La lluvia se aproxima, el Tucán lo está anunciando, siempre canta cuando va a llover, porque es la única oportunidad que tiene para tomar agua, nada más abre su pico estorboso y el agua le cae.

PRESIDENTE MUNICIPAL

Eso quiere decir que a lo mejor tendremos que suspender la búsqueda por hoy.

El Tucán canta más fuerte.

EMPRESARIO

Me temo que sí, está cantando más fuerte, como anunciando un tormentón.

PRESIDENTE MUNICIPAL

¡Vámonos y mañana muy temprano reanudamos la persecusión!

EMPRESARIO

Tal vez ya sea muy tarde si regresamos mañana.

Se oye el canto del Tucán todavía más fuerte.
Y los árboles se mueven.

PRESIDENTE MUNICIPAL

Más bien parece que se va a soltar un diluvio.

EMPRESARIO

Córrale, vámonos rápido o después con el lodo se atascarán las llantas de los autos y ya no podremos salir de aquí.

PRESIDENTE MUNICIPAL

Sí, vámonos.

Salen muy rápido.

BÚHO

Deshonestos, todo nada más lo están haciendo por dinero.

ENCINA

¿Qué cosa es el dinero, abuelo?

BÚHO

Pedazos de papel o de metal. Es algo a lo que los humanos

le dan mucha importancia, pero que ha echado a perder muchas cosas...

CEIBA

Y no sólo cosas, sino hasta a la misma gente.

ENCINA

¡Qué bueno que nosotros no necesitamos nada de eso! *(Pausa.)* ¿Irá a llover de verdad?

BÚHO

No, todo fue una feliz ocurrencia del señor Tucán.

CEIBA

Yo por eso le seguí la corriente.

ENCINA

Salgan, niños; ya pasó el peligro.

Salen al mismo tiempo que de entre los matorrales aparece un hombre con una cámara, la cual acciona, produciéndose un flashazo.

PERIODISTA

¡Qué bueno que ya los encontré!

Los niños y el Búho han quedado encandilados sin saber qué hacer.

NIÑO

¡Qué fogonazo tan tremendo!

NIÑA

Casi nos deja usted ciegos con esa luz.

PERIODISTA

Perdonen el flashazo, pero quise ser el primero en fotografiarlos.

NIÑA

¿Quién es usted?

PERIODISTA

Escribo para varios periódicos, algunos son del extranjero.

NIÑO

¿Y cómo se enteró de que estábamos aquí?

NIÑA

    ¿Dice que es periodista? ¿Entonces sí recibieron los periódicos nuestra carta?

PERIODISTA

    No, ustedes oyeron que esos hombres interceptaron todas las cartas que iban dirigidas a la prensa.

NIÑO

    Entonces, ¿quién lo mandó?

PERIODISTA.

    Nadie. *(Les muestra un papel.)* Pero mi hijo sí recibió una carta de ustedes y por eso vine a buscarlo.

NIÑA

    Pues no ha llegado nadie, sólo usted.

NIÑO

    Y dos hombres malos que se acaban de ir.

PERIODISTA

    Sí, escuché todo lo que dijeron, y les aseguro a ustedes que esos tipos no se saldrán con la suya, porque los voy a denunciar en todos los periódicos donde escribo. Ahora, no hay tiempo qué perder. Los voy a entrevistar a ustedes para que me expliquen bien lo que van a hacer y lo que quieren, para que así yo pueda ayudarlos.

NIÑA

    Queremos conservar el bosque, salvarlo de la destrucción.

PERIODISTA

    Eso ya lo sé, lo dice su carta, pero ¿qué piensan hacer?

NIÑA

    Estamos protestando y esperamos que se unan muchos niños a nosotros, y también sus padres.

PERIODISTA

    ¿Y si esto no diera resultado?

NIÑA

    Ya pensaríamos otras cosas, como por ejemplo...

NIÑO

    ¡Alto, no sigas! ¿Cómo sabemos que este señor a lo mejor no es periodista y está aliado con los pillos y nada más nos está engañando para sacarnos información?

Buho
    Pudiera ser. ¡Qué bueno que pensaste en eso!
Periodista
    Aquí está mi credencial y además llegué antes que ellos, en
    el preciso momento en que ustedes se escondieron en ese
    árbol. *(Señala hacia la Encina.)* Lástima que los árboles no
    ven ni hablan, si no les preguntaríamos.
Encina *(A los niños.)*
    Eso es lo que él cree. Sí lo vi cuando llegó y no venía con
    esos villanos.
Búho
    Háganle caso, niños; los puede ayudar.
Niño *(Viendo la credencial.)*
    Perdone por haber desconfiado.
Periodista
    No te preocupes, a veces eso es bueno.
Niña
    Puede seguirnos preguntando todo lo que quiera.
Periodista
    Pero antes vengan, vamos a mi auto. Traje suficiente comida
    y bebida caliente. A estas horas, ya deben de tener hambre.
Niño
    Yo la verdad, sí.
Niña
    Creo que nos caerá bien tomar algo.
Niño *(Al Búho.)*
    Ahorita regresamos.
Búho
    Vayan, aquí los estaremos esperando.

                Los niños salen con el periodista.

Periodista
    ¿Con quién hablaste?
Niño
    Con nadie. Tal vez estaba pensando en voz alta.

ENCINA

Me dan tanta ternura esos niños. Ojalá que sí logren hacer algo.

CEIBA

Yo francamente lo dudo; el problema es muy fuerte, la corrupción es tremenda y lo más grave es que nadie toma en cuenta a los niños.

BÚHO

Eso es lo que usted cree.

ENCINA

Se me hace que hasta se van a burlar de ellos.

BÚHO

Callen, callen, no los menosprecien, ustedes no saben lo que puede hacer un niño cuando verdaderamente tiene fe. Puede cambiarlo todo. Aunque los vean pequeños de tamaño, sus espíritus son grandes y sus convicciones muy firmes, pero sobre todo son muy solidarios y se comunican muy fácilmente entre ellos, por eso yo sí creo que puedan unirse.

ENCINA

Oiga, abuelo. ¿Y qué eso eso de tener fe?

BÚHO

Creer ciegamente en las cosas que están por realizarse, aunque todo aparentemente esté en contra y parezca imposible.

ENCINA

¡Ay, abuelo! No entendí muy bien, ¿me lo quiere repetir, por favor?

Entre la maleza se escuchan ruidos.

BÚHO

Después... creo que alguien se acerca.

VOZ DE NIÑO

¿Dónde están?

VOZ DE NIÑA

Venimos a unirnos a ustedes.

Voz de Niño
    Somos muchos.
Otra voz de Niña
    Y por el camino vienen más.
Los tres
    Todos queremos vivir.
Ceiba
    ¡Ay, abuelo! ¡Usted casi nunca se equivoca!
Encina
    ¡Mire nada más! Yo estaba segura de que no iba a venir
    ningún otro niño.
Búho
    Les dije que no los menospreciaran.
Ceiba
    Bien dice un dicho aquí en el bosque: que no hay Búho que
    no sea sabio.
Búho
    Sí, es lo que dicen, pero este Búho sabe más por viejo que
    por Búho.

*Ríen los tres, seguidamente varios niños van entrando con
pancartas alusivas al problema, mientras comienzan a gritar.*

Todos
    ¡Únete, niño! ¡Únete, niño! ¡Únete, niño! ¡Vamos a salvar
    el bosque!

    Entran el Niño y la Niña con el Periodista.

Niña
    ¡Qué bueno que ya llegaron!
Niño
    ¿Por qué tardaron tanto?

*El Periodista acciona su cámara, se produce un gran flashazo. Todos
quedan congelados como en una fotografía.*

Telón.

Esta obra se terminó de imprimir
en octubre de 2008, en los Talleres de

IREMA, S.A. de C.V.
Oculistas No. 43, Col. Sifón
09400, Iztapalapa, D.F.

Esta obra se terminó de imprimir
en octubre de 2003 en los Talleres de